이 세상 모든 곳의 모든 아이들에게
특히 너무나 대단하신 우리의 선생님들에게

····· 그리하여 그들은 함께 무지개 다리를
건너는 여행을 했고 나선형 계단을 내려와서
마침내 커다란 문이 있는 곳에 이르렀어요.
그때 아이는 자신이 살던 멋진 집을 떠나는 것이
약간 걱정이 되었어요. 하지만 가고 싶은 마음과
곁에 있는 수호천사 덕분에 용기를 낸 아이는
그 문을 통과하였답니다. 그리하여 이 세상에
작은 아기 한 명이 태어나게 된 거예요.

평생을 좌우하는 0~7세 **발도르프 교육**

무지개 다리 너머

1판 1쇄 발행일 2007년 10월 10일
1판 7쇄 방행일 2017년 4월 26일

지은이 | 바바라 J. 패터슨, 파멜라 브래들리
그린이 | 진 리오단
옮긴이 | 강도은

펴낸이 | 류희남
교 정 | 변의훈
펴낸곳 | 물병자리

출판등록일(번호) | 1997년 4월 14일(제2-2160호)
주소 | 03173 서울시 종로구 새문안로5가길 11, 옥빌딩 801호 (내수동 4)
대표전화 | 02) 735-8160   팩스 | 02)735-8161
E-mail | aquari@aquariuspub.com   트위터 | @AqariusPub
홈페이지 | www.aquariuspub.com
ISBN | 978-89-87480-88-6   03370

평생을 좌우하는 0~7세 **발도르프 교육**

무지개 다리 너머

바바라 J. 패터슨, 파멜라 브래들리 지음

진 리오단 그림

강도은 옮김

〰〰 물병자리

차례

소개하는 글

오늘날 아이를 키우는 부모들은 홍수처럼 밀려오는 정보들 가운데서 무수히 많은 선택을 해야 한다. 게다가 알맞은 대안들을 찾기 위해서 과학적인 연구까지 해내야 하는 실정이다. 이러한 선택들 하나하나를 충분히 고려해보고, 특히나 왕성하게 자라나는 시기인 태어나서부터 처음 7년 동안 아이를 잘 보살피기 위해서는 시간과 용기와 인내심이 필요하다.

경험이 풍부한 발도르프 선생님인 바바라 패터슨은 분명한 어조로 이렇게 말하고 있다. "오늘날 사회에서 '정상' 혹은 수용 가능한 것처럼 보일지라도, 그것이 아이들과 가족을 '건강하게' 해주는 데 꼭 필요한 것은 아닐 수 있다."

바바라 패터슨은 발도르프 교육의 창시자인 루돌프 슈타이너의 연구 작업에 기초하여 아이의 조화로운 발달 과정을 소개하고 있다. 각각의 발달 단계에서 아이들이 할 수 있는 것들과 필요로 하는 것들을 설명하고 있는 슈타이너의 사상은, 아이가 삶의 건강한 토대를 세울 수 있도록 부모들과 선생님들에게 길잡이 역할을 해줄 수 있을 것이다.

처음으로 발도르프/슈타이너 학교가 열린 지 80여 년이 지났지만 배움에 대한 이러한 접근은 더욱더 중요해지고 있다. 현재 46개 나라에 700여 개가 넘는 발도르프 학교가 있다는 사실이 보여주듯이, 이 독립적인 교육 운동은 전세계로 퍼져나가고 있는 중이다.

바바라는 자신의 상식을 바탕으로 삼아서 슈타이너의 통찰력을 나름대로 엮어나가고 있다. 그녀의 제안은 아이들을 깊이 사랑하고 그들이 필요로 하는 것을 이해하고 있는 훌륭한 선생님이나 할머니가 지닐 법한 편안하고 지혜로운 조언으로 이루어져 있다.

바바라가 이 책에서 제시하는 것들은 분명하고 간단해서 부모들이 아주 쉽게 접근할 수 있다. 각 장의 끝부분에는 바바라가 이끈 '부모 향상을 위한 수업'에 참가한 사람들이 그녀가 소개한 사상을 듣고서 궁금하게 생각했던 생생한 질문들이 실려 있다. 그들의 질문과 바바라의 대답은 같은 시대를 살아가고 있는 우리에게 당대의 전망을 보여주고 있다.

좀더 탐구하고 싶은 독자들을 위해서는 생일날에 들려주는 이야기들, 손으로 만들 수 있는 것들이 소개되어 있고, 각각의 나이에 맞는 동화들, 추천하는 그 밖의 읽을거리들, 발도르프와 인지학 관련 자료들이 수록되어 있다.

이 책 《무지개 다리 너머》는 새로 부모가 된 사람들, 조부모님들, 유치원이나 탁아시설 종사자들, 그리고 어린 아기와 아이들을 잘 돌보는 일에 관심이 있는 모든 이들에게 딱 맞는 아주 멋진 책이다.

'부모와 유아를 위한 교실' 혹은 '부모와 걸음마하는 아이들을 위한 교실' 에서 일하고 있는 선생님들, 상담가들, 건강 관련 교육가들 역시 이 책속에 의미 있고 중요한 자료들이 들어 있다는 것을 발견하게 될 것이다.

이 책이 출판될 수 있도록 애쓴 바바라와 파멜라에게 감사한 마음이 가득하다.

자넷 켈맨
(캘리포니아 소재 루돌프 슈타이너 대학 유아 교육과 학장)

머리말

오랫동안 나는 발도르프 교육을 종합적으로 소개했으면 하는 희망을 갖고 있었다. 수년 전 우리 집 큰딸이 발도르프 학교에 들어갔을 때, 매일 밤 발도르프 교육에 관해서 조금씩 꾸준히 탐구해나갈 수 있는 작고 읽기 쉬운 책이 있었더라면 참으로 좋았을 것이다. 그러면 남편과 나는 딸이 다니는 학교에서 일어나는 일들에 보다 쉽게 다가갈 수 있었으리라. 가령, 학교에서 선생님들이 이루고자 하는 게 무엇인지, 그들의(그리고 우리의) 일을 좀더 평온하게 해나갈 수 있게끔 부모인 우리가 할 수 있는 일이 무엇인지를 좀더 쉽게 알 수 있었을 것이다. 하지만 그 당시에는 이러한 정보들을 어떻게 작은 책 안에 모두 담아낼 수 있을지를 알지 못했고, 나 스스로가 발도르프 교육과 관련된 모든 해결책들을 확실히 알고 있지도 못했다.

그러던 1995년 가을 어느 날, 우리 딸이 아주 좋아하는 발도르프 유치원 선생님인 바바라 패터슨의 집에서 부모를 위한 강좌가 있을 거라고 했다. 내가 그 강의용 원고 시리즈를 읽었을 때, 그야말로 빛이 환하게 밝혀지는 느낌이 들었다. 이것이야말로 내가 기다려왔던 바로 그 기회였던 것이다. 바바라는 부모들에게 말해야 할 것이 무엇인지를 아주 잘 알고 있는 사람이란 생각이 들었고, 나로서는 그녀의 지혜로운 말들을 작은 책으로 만들 수 있을 것 같았다.

나는 네 번에 걸쳐 목요일마다 이루어진 바바라의 훌륭한 강좌에 참여했다. 강좌를 들으려고 그녀의 집 앞에 몰려든 부모들은 재빨리 아이들의 외투와 장화를 벗겨서 아래층에 있는 아이 돌보는 곳에 데려다주었다. 새로운 사람이든 경험이 있는 사람이든 상관없이, 젊은 사람이든 나이가 든 사람이든, 도시에서 왔건 교외에서 왔건 상관없이 우리는 모두 함께 거실 겸 식당에 자리를 잡고서 그 강좌에 참여했다. 우리는 바로 아이들이라는 공통분모를 가지고 강좌를 들으러 온 사람들이었다.

참가자들은 이 아침 강좌를 다른 사람들에게도 널리 알려야 한다는 데 의견을 같이 했다. 나로서는 바바라가 이 책을 만들 수 있도록 도울 수 있어서 얼마나 기쁜지 모른다. 이 책은 바바라가 가르치고 있는 시카고 북부 교외에 위치한 한창 발전하고 있는 발도르프 학교인 그레이트 오크스 학교the Great Oaks School에 바치는 우리의 선물이다.

발도르프 교육은 지금도 우리 가족에게 하나의 등대와 같은 역할을 하고 있다. 이 교육 방식은 나이에 알맞은 아이의 건강한 발달을 장려하고 있다. 이 나이에 알맞은 발달이 현대 세계에서는 흔히 소홀히 여겨지고 있어서 아이들을 위험에 빠트릴 수 있다고 본다. 나는 우리 아이들의 정신적인 건강과 육체적인 건강을 돌봐준 데 대해서 발도르프 학교에 그리고 바바라 패터슨에게 진심으로 감사하고 있다.

바바라는 자신이 돌보는 아이들에 관해서 불가사의한 본능을 지니고 있는 진정으로 전문가다운 교사이다. 아이들을 향한 그녀의 사랑과 기꺼이 아이들을 대변해주는 그 마음은 정말 감동적이다. 그녀와 함께 일하는 동료는 이렇게 말한 적이 있다. "패터슨 부인이 꾸리는 잘 정돈된 교실의 리듬은 보기가 참 아름다워요. 그녀는 늘 평온하고 그 순간에 필요한 일들에 집중하고 있지요. 그녀의 교실에서 만들어지는 리듬이 아이들뿐만이 아니라 어른인 저의 마음까지도 달래준다는 것을 저는 항상 느낀답니다. 그녀는 연구하기를 아주 즐기는 분이고 지혜로운 선생님이세요. 또한 발도르프 교육이 어떻게 성공적으로 이루어지는지를 보여주는 하나의 모범이기도 하답니다."

독자들도 곧 알게 되겠지만, 바바라의 통찰력과 그녀의 개인사를 분리하기란 불가능하다. 왜냐하면 그녀가 아이들을 그렇게나 잘 이해할 수 있게 된 것은 바로 이 책에서 펼쳐 보이고 있는 그녀 자신의 인생 경험을 통해서이기 때문이다. 그녀의 자서전 자체가 하나의 교훈이며 뒤따르는 이들 모두에게 분수령의 역할을 하고 있다. 그녀가 전하고 있는 메시지는, 동화가 아이들에게 그러하듯이, 빠르게 변화하고 있는 세상을 살고 있는 어른들에게 위안을 주고 있다. 바바라 패터슨과의 멋진 만남을 진심으로 환영하고 싶다!

파멜라 브래들리
시카고, 1999

○ 남녀 성별 표시에 관한 편집자 주석

문장 안에서 효과적이라고 생각될 경우에는 주어로 복수형을 쓰거나 굳이 남녀 성을 구분하지 않고 사용했다. 그러나 특정한 아이를 이야기하는 것이 적절한 경우에는, 가령 글의 내용이 좀더 개인적이고 친밀할 경우에는, 대명사(he, she)를 사용해서 성을 구분했다. 내용상 동일한 아이를 언급할 경우에는 같은 성을 계속 유지했다.

○ 옮긴이 주석

he, she 같은 대명사를 우리말로 옮기면서는 우리말의 어법상 굳이 남녀 성을 구분해야 할 경우가 아니라면, 문맥에 따라 '아이' 또는 '아기'로, they는 '아이들'로 옮긴 경우가 많았다. 또한 이 책에 나오는 아이들의 나이는 모두 만 나이를 말한다.

○ 일러두기

이 책의 '손으로 만드는 것들'(제6장 205쪽)에 나오는 인형 만들기에 대하여 한주미(유리드미스트, 부산 발도르프 '사과나무 유치원과 학교' [2008년 봄 개교] 교사) 선생님께서 감수하여 주셨습니다. 감수해 주신 부분에 대하여 따로 '감수자'로 표기하였음을 알려드립니다.

제1장

나의 삶,
나의 일,
우리의 아이들

몇 년 전 나는 어머니에게 짤막한 감사의 편지를 써 보낸 적이 있다. 편지에서 나는 어린시절 동안 어머니가 내 주위에 만들어준 리듬과 좋은 습관이, 어른이 된 나의 삶과 아이들과 함께 지내는 나의 일에 어떤 영향을 끼쳤는지를 이야기했다. 내가 어렸을 때 우리 어머니는 자신이 매일 해야 하는 일들을 하나의 예술 작품으로 만드는 재주가 있는, 참으로 *비범한* 주부였다. 심지어 어머니가 널어놓은 빨래줄조차 한 폭의 그림처럼 보이곤 했으니까 말이다. 빨래줄에 걸린 양말들은 모두 짝이 맞게 널려 있었고, 그 옆에는 남자용 셔츠들이 단정하게 쭉 걸려 있었으며, 갖가지 색깔의 부엌용 타월들이 산들바람에 펄럭이고 있었다.

우리 부모님이 꾸린 가정

어린아이였을 때 나는 월요일은 빨래하는 날로 알았다. 그날은 침대 이불들을 갈아 끼우고 목욕탕에 있는 모든 타월들을 새것으로 교체하는 날이었다. 그리고 화요일은 다림질하는 날이었다. 나는 어머니가 다림질한 모든 셔츠들을 지금도 떠올려볼 수가 있다. 어머니는 다림질한 셔츠들을 개켜서 식당 테이블 위에 올려놓았는데, 첫 번째 셔츠의 칼라 부분에 두 번째 셔츠를 올려놓고, 두 번째 셔츠의 칼라 부분에 세 번째 셔츠를 올려놓고, 이런 식으로 계속해 나가서 셔츠들로 하나의 긴 줄을 만들어내곤 했다. 일주일에 한 번 다림질할 때마다 어머니는 보통 스물한 장의 셔츠를 다림질했다! 셔츠와 마찬가지로 냅킨이나 부엌용 타월도 다림질해서 테이블 위에 나란히 정돈해 놓았다. 화가들이 그림을 그릴 때에 했을 법한 이러한 주의 깊은 배려를 자신의 일에 적용하던 어머니의 태도는 내 안에 그리고 내가 하고 있는 일 속에 여전히 살아 있다.

특별히 요즈음, 어머니가 나에게 준 선물에 대해 깊이 감사하고 있다. 어린시절에 나는 생활 리듬이나 좋은 습관을 들이기 위해 일부러 배울 필요가 없었다. 지금의 나 또한 내가 맡고 있는 반의 아이들에게 그것들을 일부러 가르치려고 애쓰지 않는다. 내 안에는 이미 그것들이 들어 있기 때문이며, 그렇게 된 까닭은 내가 그것들과 함께 자라났기 때문이다.

나의 어린 시절을 이루었던 또 하나의 중요한 부분은 인형놀이였다. 어머니는 내가 과연 인형 놀이를 그만둘 수 있을지를 궁금하게 여길 정도였다. 물론 이 놀이 형태를 개발해주고, 내 옷을 바느질해 만들면서 거기에 어울리는 내 인형 옷들까지 만들어준 사람은 다름 아닌 바로 어머니였다. 나의 인형 놀이는 시간이 지나면서 나의 발달단계에 따라 점점 진화해나 갔다. 아주 어렸을 때는 내 자신이 인형들의 엄마 노릇을 하며 놀았다. 약간 자라서는 내가 인형들을 가르치고, 내가 만든 작은 실에 인형들을 데려다 놓고 놀았다. 래서 진짜 학교의 한 학기가 끝날 즈음이면 선생님들이 책이나 종 이들을 버리는지를 알아보기 위 해 학교 근처에서 놀곤 했는데, 그 이유는 그것들을 내가 만든 작은 학교에서 사용하고 싶었 기 때문이었다.

조금 더 커가면서 나는 인형을 직접 바느질해 만 드는 법을 배우게 되었다. 최근에 우연히 예전에 어머니가 만들어주었던 한 쌍의 잠옷 입은 인형을 찾아내었다. 생각해보니, 어떤 면에서 어린 시

절에 내게 가장 중요했던 일은 인형이 입은 잠옷 맨 위에다 잠금 단추를 다는 일이었다. 나는 옷감 한쪽에 거칠게 구멍을 뚫었고 그 반대쪽에는 단추를 꿰매어 달았다. 이걸 보신 어머니는 올이 풀려지지 않도록 단추 구멍 주위를 더 바느질해야 한다고 말씀하셨다. 50여 년이 지난 지금도, 그때 내가 만들었던 투박한 단추 구멍 주위를 다시금 조심스럽게 바느질했던 흔적을 여전히 볼 수 있다.

어린 시절의 이러한 경험들이 내가 어린 아이들을 돌보는 선생님이란 직업을 갖도록 이끌어주었다. 지금도 여전히 나는 어머니가 만들어주셨던 것과 같은 옷들을 입은 인형들을 우리 반 아이들을 위해 만들고 있다. 뿐만 아니라 우리 반 아이들도 예전의 나처럼 인형놀이를 아주 좋아한다.

인형이 있는 장소는 우리 반에서 언제나 관심이 가장 집중되는 곳이다. 심지어 다른 상황이었다면 인형 놀이를 하지 않았을 아이들까지도 관심을 보인다. 몇 년 동안이나 부모님들과 선생님들은 아이들로 하여금 이런 식의 놀이를 하게끔 이끈 방법이 무엇이냐고 나에게 물어보곤 한다. 이에 대한 대답은 바로 인형을 사랑하는 내 마음이 우리 반 아이들에게 전해져서 자연스럽게 그렇게 됐다는 것이다.

내가 인형을 통해서 어머니와 연결된 것과 같은 방식으로 아버지와 나는 저녁에 우리가 함께 한 일을 통해서 연결되었다. 그 일은 나의 약한 시력을 향상시키기 위해 필요했던 몇 가지 시력 교정 작업이었다. 그 작업이 나의 시력을 조정하고 향상시킬 거라고 생각한 아버지는 손으로 들 수 있는 기계를 가지고 매일 저녁 한 시간 동안을 나와 함께 시력 교정 작업을 하였다. 이미 하루 종일 자신의 직장에서 일을 하고 집에 돌아온 아버지는 어머니와 동생들과 보낼 수 있는 시간을 쪼개서 나를 위해 쓰신 것이다. 아버지는 몇 년 동안이나 나와 함께 이 일을 하셨다. 매일 눈 운동을 하였던 효과에다가 아버지의 따스한 사랑과 헌신이 결합했던 이 일이 이후의 내 삶이나 아이들을 대하는 내 태도에 지금도 계속해서 힘을 불어넣어주고 있다고 생각한다. 아이러니컬하게도 아버지는 말년에 시력을 잃으셨는데, 그 후 내가 찾아가 뵐 때마다 책을 읽어드리는 것을 무척이나 좋아하셨다.

아버지는 가족을 위해서 안정된 가정을 마련해주었고 실제로 아주 자상한 분이셨다. 아버지와 함께 뭔가를 사러 나갔던 어느 토요일 아침에, 내가 아버지 곁에서 폴짝폴짝 뛰어다녔던 기억이 난다. 가게에 있던 사람들은 내가 아버지의 딸이라는 사실을 도저히 부정할 수 없을 거라고 모두들 입을 모았다. 그토록 나는 아버지를 꼭 닮았던 것이다. 아버지와 함께했던 이런 시간들은 아주 특별했다.

우리 집의 식사 시간 역시 특별했다. 저녁을 먹으면서 아버지가 자신의 젊은 시절 이야기나 대학 다닐 때 이야기를 들려주는 일을 우리는 정말로 좋아했다. 이러한 이야기들은 행복한 가족을 하나로 묶어주는 역할을 하기 때문이다. 1995년 아버지가 돌아가실 때까지 우리 부모님은 65년 동안 함께 결혼 생활을 하셨다. 두 분은 우리가 모범으로 삼기에 아주 훌륭한 역할 모델이었을 뿐만 아니라 알차고 행복한 어린 시절을 선물로 주신 분들이다. 그분들이 준 선물은 교사가 된 나에게 지금도 커다란 힘이 되고 있다.

내가 꾸린 가정

우리 아이들 역시 선생님이 된다는 일에 관해서 나에게 많은 것을 가르쳐주었다. 딸아이로부터는 일관성과 리듬에 관해 다시금 배울 수 있었다. 딸아이는 상상력이 풍부하고 사교적이면서 매우 활기차다. 그 아이에게는 맞대놓고 규율을 가르치는 일이 전혀 효과적인 방법이 아니란 사실을 나는 발견하게 되었다. 오히려 늘 일관성을 유지하고 집 안에 강력한 생활 리듬을 만들어내는 것이 우리 딸아이에게는 훨씬 효과적인 훈육 방법이었다.

아들아이는 딸아이와는 아주 달랐다. 아들아이는 좀더 내향적이며 창백하고 야윈 아이였고 지적인 발달이 일찍 이루어졌다. 그리고 자기 나이 또래보다 작은 아이였다. 그 아이로부터 나는 아이의 감각들을 보호하는 것이 얼마나 중요한지를 배울 수 있었다. 아들아이는 아주 민감해서 사람이 북적거리는 백화점에 다녀오고 나면 열이 오르곤 했다. 또한 지적인 발달이 일찍 이루어졌기 때문에, 아이는 부모인 나의 지도 방법에 대해 자신이 어떻게 느끼는지를 어느 정도 말로 표현할 수가 있었다. 그리하여 다른 아이들이라면 내적인 혼란으로 느낄 뿐이지 표현하지 못했을 일들에 관해서 나를 일깨워 주었다.

아들아이는 초등학교 4학년 때 뉴욕 시에 있는 루돌프 슈타이너 학교[1]로 전학을 갔는데, 이로 인해 일어난 변화는 주목할 만한 것이었다. 처음에 자기 반 아이들이 구구단을 잘 외우려는 목적으로 공기놀이를 하는 것을 지켜본 아이는, 아이들이 그런 식으로 놀이를 하는 학교에서는 자기가 똑똑한 아이가 못될 것이라고 걱정했다. 하지만 시간이 지나면서 아이의 지적인 면은 발도르프 학교에서 이루어지는 예술 활동들과 균형을 맞추어 나갔으며, 심지어 몸도 더 커지고 발달했다. 발도르프 교육에 대해 아무것도 몰랐던 우리 부모님들도 아이가 어찌나 쑥 자랐는지 거리에서 우연히 만나면 못 알아봤을 것이라고 말할 정도였다. 또한 아들아이는 자신의 지적인 능력을 좋은 쪽으로 사용할 수 있게 되었다. 지금 그 아들은 의사로 일하고 있다.

그렇다고 우리 아이들을 위해 내가 일부러 발도르프 교육을 찾아갔던 것은 아니었다. 오히려 공직에서 일하는 남편을 통해서 이 교육을 알게되었다. 사실 루돌프 슈타이너의 연구들과 내 인생의 밑거름이 되어준 경험들 사이에 내적인 연관이 있다는 사실을 발견하기 전인 초기에는, 인지학[2]에 대해서 어떤 거부감을 가지기도 했다. 하지만 남편이 아주 의미 있

---

1. 1928년에 세워진 학교로 북미에서 가장 오래된 발도르프 학교이다.

다고 발견한 이 교육에 대해 나는 마음을 열어놓으려고 노력했고, 점차 슈타이너의 가르침이 지닌 가치를 깨달아가게 되었다. 공립학교에서 3년 혹은 4년을 보낸 우리 아이들이 발도르프 교육을 얼마나 빨리 흡수하는지를 보고 나는 아주 깊은 인상을 받았다. 딸아이를 맡았던 발도르프 학교 선생님은 아이가 학교에 다닌 지 3일 만에, 마치 아이가 그 학교에 내내 있었던 것 같다고 말하기까지 했다.

나는 학교일에 활발하게 참여하게 되었고, 학부모 저녁모임이나 목공 수업에도 참여하기 시작했다. 심지어 슈타이너가 창안한 유리드미 eurythmy(유리드미는 슈타이너에 의해 창안된 움직임의 예술로서, 음악과 언어에 담긴 내면적 움직임을 몸동작으로 표현하는 예술이다. 독일어로는 오이리트미라고 부른다.-감수자) 수업에도 참여했다. 오래지 않아서 나는 발도르프 학교의 선생님이 되고 싶어졌다. 그런데 당시의 나로서는 발도르프 선생님이 되는 데 필요한 교육을 어떻게 받을 수 있는지를 잘 알지 못했다. 하지만 아이들을 키우는 동안 발도르프 교육에 관해 내가 할 수 있는 만큼은 계속 배워나갔다.

그 당시에 나는 직장에 나가지 않고 집에서 살림하는 엄마였다. 그래서 다니던 교회를 통해서 여름 캠프나 십대 그룹 캠프 같은 여러 아이들 프

---

2. 오스트리아 출신 철학자인 루돌프 슈타이너(Rudolf Steiner, 1861~1925)는 인지학 Anthroposophy이라는 영적이고 문화적인 운동을 창안한 사람이다. 인지학은 "인간의 진정한 본성에 관한 지식"을 말한다. 부록 참조.

로그램에 참여하기 시작했다. 심지어 우리 집에서 하숙하면서 학교에 다니는 아이들도 있었다. 이렇듯 우리 집은 아이들 때문에 아주 활기가 넘쳤다! 나는 언제나 우리 아이들과 아이들 친구들이 우리 집에서 복닥거리는 게 좋았고, 아이들이 어디 있는지를 늘 알 수 있어서 좋았다. 그리하여 우리 집은 아이들이 주로 모이는 곳이 되었으며, 뉴욕 시에 살 때는 특히 더 그러했다. 학교 행사가 있기 전이나 끝난 후면, 아이들 한 무리가 우리 집에 와서 옷을 입어보면서 행사 준비를 하고 때로는 잠을 자고 갔다.

또한 우리 가족이 입양한 아이도 한 명 있었는데, 그 아이와는 2년 동안 함께 살았다. 이 일은 나에게 또 다른 종류의 배움을 준 경험이었다. 입양할 당시에 나는 충분한 사랑과 적절한 분위기를 제공한다면 비록 불운한 배경을 지닌 아이일지라도 잘 이끌 수 있으리라고 막연하게 생각하고 있었다. 하지만 열한 살에 우리 집에 온 이 아이는 우리에게 오기 전에 이미 양부모를 다섯 명이나 거친 아이였다. 게다가 아이의 친어머니는 알코올 중독자였다.

입양한 여자아이 완다Wanda는 사랑을 받을 줄도 사랑을 주는 법도 몰랐다. 우리와 가까이 지낸 의사는 말하길, 아마도 태어나기 전에 아이 어머니가 마신 알코올로 인해 손상된 간 때문일 거라고 했다. 아이가 우리와 함께 살기 시작한 첫날밤이 기억난다. 나는 아이에게 잠자리에서 읽어주는 이야기를 읽어주려고 했다. 그러자 아이는 이전에는 어느 누구도 자기에게 잠자리에서 이야기를 읽어준 적이 없다고 이야기했다. 이 작은 여자애를 우리 가족 속으로 통합시키기 위해서 우리는 많은 기쁨과 슬픔을 겪어야 했다. 아이는 우리 가족과 함께 사는 일에 적응은 했지만 일정한 한계가 있었다.

아이가 지닌 과거의 경험 때문에 아이와 일정한 지점까지만 잘 지낼 수 있었던 것이다. 이 일은 나로 하여금 생애 초기인 어린 시절이 얼마나 중요한지를 새삼 절실하게 깨닫게 해주었다. 시간이 흐른 다음에는 도저히 보상할 수도, 되돌릴 수도 없는 일들이 이 세상에는 있다고 생각한다. 물론 상처를 치유하기 위해 사용할 수 있는 많은 기술들이 있긴 하지만, 아주 어린 시절의 어떤 일들은 원래대로 되돌릴 수 없는 것들도 있다. 교사가 되기 전에 배운 이 교훈은 나에게 아주 중요한 가르침이 되었다. 아이를 입양했던 경험을 통해 나는 많은 것을 배웠던 것이다. 하지만 손쉽게 이 교훈들을 얻은 것은 결코 아니었다.

나의 일

우리 아이들이 자라서 대학을 가기 위해 집을 떠났을 때, 나는 남편의 일 때문에 캘리포니아로 이사하게 되었다. 이 일은 내가 희망해왔던 일을 할 수 있는 기회가 되었다. 나는 남부 캘리포니아에 있는 발도르프 연구소 Waldorf Institute에 개설된 교사 양성 프로그램에 등록했다. 과정을 마친 후에는 캘리포니아 노스릿지Northridge에 있는 하이랜드 홀 발도르프 학교 Highland Hall Waldorf School의 유치원 선생님 자리를 맡아 아이들과 생활하게 되었다.

3년 후에는 시카고로 다시 이사를 하게 되었다. 그 즈음 나는 발도르프 교사로서 다음 단계를 내딛고자 모색하고 있던 중이었는데, 가정에서 발도르프 교육을 접목시킬 수 있는 프로그램을 제시해주는 회의에서 어떤 사람을 만나게 되었다. 그 사람과 만난 후 집으로 돌아온 나는 우리 집이야말로 이러한 프로그램을 하기에 딱 알맞은 곳이란 사실을 깨달았다. 그렇게 해서 시카고에 있는 우리 집은 '리버 파크 칠드런스 가든River Park Children's Garden' 이라는 이름의 가정 유치원이 되었다. 그 후 에반스톤Evanston에 있는 그

'리버 파크 칠드런스 가든' 에서의 점심식사

레이트 오크스 학교Great Oaks School로 오기 전까지 8년 동안 나는 이 가정 유치원을 운영하였다.

현재 그레이트 오크스 학교에서 내가 하고 있는 일은 상담하는 일, 조언자로서 멘토 역할을 하는 일, '부모-아이 교실'의 교사, 이사회에 참여하는 일 등이다. 또한 시카고에 있는 발도르프 교사 양성 프로그램인 아르크투르스Arcturus(목동좌의 제일 큰 별)에서 강의도 하고 몇몇 학생들의 멘토 역할도 하고 있다. 아르크투르스에서는 현재 유치원반을 맡고 있거나 앞으로 맡게 될 선생님들을 가르치고 있다.

60대 나이임에도 불구하고 내가 하고 있는 일이 계속 발전해나가고 있다는 사실에 나는 감사하는 마음을 갖고 있다. 내가 사람들에게 이야기하고 글로 쓰는 것들은 부모이자 선생님이며, 루돌프 슈타이너와 인지학을 배우는 학생인 내 삶의 경험에서 나온 것이다.

우리의 아이들

나는 부모들이 이 책을 통해서 아이의 건강한 발달에 관한 통찰을 얻게 되길 바라고 있다. 또한 나름의 이상과 철학을 지니고 있는 발도르프 교육에 관한 통찰도 얻게 되고, 더 나아가 오늘날과 미래에 어린 아이들을 교육시키는 일이 쉽지 않은 도전이라는 통찰도 얻게 되길 바란다. 이 책에는 '부모 향상을 위한 교실'에 참여한 분들의 질문들과 그에 대한 답변

이 포함되어 있다. 부모들은 자신들이 물어야 할 진정한 질문이 무엇인지를 알고 있는 사람들이다. 그들은 자기 아이들이 어떻게 하면 건강한 어린 시절을 보낼 수 있을까 고민하면서 매일 성실하게 탐구하는 사람들이다. 빠른 속도로 변화하고 있는데다가 사람들의 주의를 산만하게 하는 것들이 산재해 있는 현대 세계에서 이 일은 그리 쉬운 게 아니다. 그렇기 때문에 우리의 수업을 듣는 부모들이 서로 공감하고 나눌 만한 멋진 것들이 그렇게나 많은 것이다! 이 책을 읽

아이들은
주위환경에서
자기들이
경험하는
모든 것을
흡수해서
받아들인다.

는 독자들도 그 부모들이 자신들이 했던 질문과 답변을 읽었을 때 그랬던 것처럼 친밀한 느낌을 가질 것이라 생각한다.

오늘날의 아이들은 우리 문화의 영향 때문에 일찍부터 순진함 대신에 세련되고 영리한 아이가 되길 강요받고 있다. 우리 문화가 끼치는 영향을 몇 가지 예로 들면, 바비 인형들이나 텔레비전 문화 같은 것들이 그러하다. 또한 무수히 많은 광고들과 가게 간판들을 휙휙 지나쳐서 달리게 만드는 자동차 타는 문화도 있다. 이런 문화로 인해 아이들의 존재에 깊은 영향을 끼치는 인상들이 일어나게 되는 것이다.

그렇다고 아이들을 아무 영향도 받지 않는 텅 빈 진공 안에서 기를 수는 없는 노릇이다. 그렇기 때문에 부모인 우리는 이 사회 안에서 아이들에게 무엇을 보여줄 것인지를 신중하게 선택해야만 한다. 오늘날 사회에서 정상적이라고 여겨지는 것들이 반드시 건강한 것이라고는 말할 수 없다. 우리는 건강한 아이들을 목표로 삼아야 한다. 즉, 폭력적인 텔레비전 프로그램을 보게 하는 일처럼, 우리 사회에서 소위 정상적이라고 여겨지는 경험들로부터 아이의 어린 시절을 보호해야 하는 것이다. 아이들은 텔레비전에서 나오는 메시지들을 해면처럼 빨아들이며, 심지어 광고에서 표시되는 기호들조차 감각적 인상을 통해 쉽게 흡수한다. 텔레비전은 또한 눈의 발달과 언어 발달에까지 영향을 미칠 수 있다. 게다가 텔레비전을 보는 일이 지닌 수동성은 뭔가를 하고자(do) 하는 아이의 자연스럽고 능동적인 성향과 대립하기까지 한다.

어린 아이들을 키우면서 우리가 해야 할 가장 중요한 일은, 아이들을 보호하고 그들이 모방할 수 있는 훌륭한 모델들을 제공하는 일이란 사실을 기억해야 한다. 아이들은 주위 환경에서 자기들이 경험하는 모든 것을 흡수해서 받아들인다. 그러므로 아이들 주위에 있는 것은 무엇이든 아이들 속에 있게 될 것이다. 그리고 아이들 속에 있는 것은 무엇이든 아이의 육체적인 발달과 정신적인 발달에 영향을 미칠 것이다. 그렇기 때문에 우리가 확신을 가지고 아이들에게 좋은 영향을 끼친다면, 우리 손자들의 인생에도 좋은 영향을 끼치는 셈이 될 것이다!

다음에 인용한 시는 월트 휘트먼Walt Whitman(1819~1892, 미국의 시인으로 인간의 삶과 자연과의 연관을 잘 보여준 많은 시를 썼다. —옮긴이)이 지은 시이다. 이 책《무지개 다리 너머》를 쓸 때 우리는 이 시로부터 멋진 영감을 받았으며, 이 시에는 아이들이 실제로 자기 주위 환경으로부터 깊은 영향을 받으며 자란다는 사실이 아주 잘 묘사되어 있다. 우리가 그랬던 것처럼 여러분들도 이 시를 즐기길 바란다.

앞으로 나아가는 한 어린아이가 있었다네

– 월트 휘트먼의 《풀잎》이란 시집에서 발췌한 시

매일 앞으로 나아가는 한 어린아이가 있었다네.
맨 처음 아이가 바라보았던 대상은
아이가 이루어낸 바로 그것,
아이의 한 부분이 된 그것은
그날이나 다른 어떤 날들을 위해
혹은 많은 세월 혹은 더 많은 세월이 흐르는 동안에도
아이에게 중요한 부분이었다네.

제2장

건강하고, 행복하고,
가능성 있는
아이로 키우기

처음으로 부모가 되는 사람이 이 지상 세계로 내려오는 자기 아이를 환영하면서 느끼는 기쁨과 비길 만한 것은 없을 거라고 생각한다. 내 경험에 비추어 보면, 이 기쁨은 다른 어떤 것과도 비교할 수 없는 특별한 감정이다. 갓 태어난 아기를 지긋이 바라보고 있으면 다시 한 번 이와 똑같은 눈에 띄는 감정이 우리 마음속에서 일어난다. 그림 형제의 동화 《찔레꽃 공주Little Briar-Rose》(우리나라에서는 '잠자는 숲속의 공주'로 많이 번역됨. —옮긴이)에는 열두 명의 지혜로운 여자들이 등장하여 갓 태어난 공주에게 각자 마법의 선물을 주는 장면이 있다. 이와 마찬가

이 세상에
온 것을
환영합니다.

지로 갓 태어난 아이를 바라보는 우리 마음속에도 생
생히 피어나는 상쾌한 기쁨뿐만이 아니라 깊고 강렬
한 열망 역시 일어나는 것을 발견할 것이다. 이 열망
은 태어난 아이에게 가능한 가장 훌륭한 삶을 마련
해주고 싶고, 좋은 건강을 선물로 주고 싶은 부모의
바램이다. 또한 아이가 삶이라는 여행을 할 때 이 특
별한 선물들이 멋지게 펼쳐지길 간절히 바라는 열망
이다.

그런 후에, 아마도 시간이 좀 지나면 세 번째로 눈
에 띄는 감정이 일어나는데, 이것은 두려움이다. 오

늘날의 세상에서 어떻게 우리는 이 일을 할 수 있을까? 아기가 필요로 하는 것을 충실하게 제공해줄 수 있는 방법을 우리가 어떻게 찾아낼 수 있을까? 그리고 아기를 위해서 우리가 진정으로 바라는 것은 과연 무엇일까?

부모가 되어 아이를 키우는 기쁨은 하나의 축복이자, 부모들에게 이정표를 제공하여 아이와 함께 하려는 열망을 불러일으키는 역할을 한다. 그럼에도 불구하고 부모인 나는 시간이 지나면서 두려움과 불확실함이 점점 강해지는 것을 느꼈다.

교사이자 부모이고 또한 할머니이기도 한 나의 경험에 비추어 보면, 건강하고 행복하고 가능성 있는 아이들로 키우기 위해서는 신뢰할 수 있으면서 튼튼한 기초가 되는 세 가지 근본 원칙이 큰 도움이 될 것이다. 제일 첫 번째 원칙은, 아이들의 발달 단계를 이해하는 일이다. 이 원칙은 자라나는 아이들에게 너무 많은 것을 요구해서도 안 되고, 그렇다고 너무 적게 요구해서도 안 된다는 사실을 가르쳐주는 원칙이다. 두 번째 근본 원칙은, 아이의 성장과 발달을 위해서 따뜻함이 얼마나 중요한가를 이해하는 일이다. 아이의 몸은 따뜻함 가운데서 건강한 능력을 발달시키기 때문에 아이를 잘 돌보기 위해서는 따뜻하게 해주는 것이 아주 중요하다고 할 수 있다. 세 번째 원칙은 삶의 리듬—매일의 리듬, 매주일의 리듬, 매월의 리듬, 매년의 리듬—을 제공하는 일이 아이들에게 얼마나 소중한 선물인가를 깨닫는 일이다.

이것들이 내가 여기서 설명하고자 하는 것으로, 건강한 아이를 키우기 위한 세 가지 중요한 근본 원칙이다.

활기찬 생명으로 성장하기

아기들은 아무런 판단 없이 자신을 둘러싼 주변 환경을 받아들인다. 아기가 받는 모든 인상들이 아기 속으로 깊이 파고든다. 즉, 어린 아기는 소리와 색을 알아채며, 자신이 어떻게 다루어지는지를 느끼고, 심지어 엄마가 자기를 돌볼 때의 태도까지 알아차린다. 아기는 자기 주위의 모든 것을 감각적인 인상들로 흡수하지만, 그것들을 판단하거나 걸러낼 수 있는 능력은 아직 없다. 그러므로 이 시기 동안 아기를 보호하기 위해서 우리는 아기 주위에 보호 장벽을 마련해주어야 한다.

루돌프 슈타이너에 따르면, 어린 아기의 감각적인 인상은 몸 전체를 통과하면서 "잔물결을 일으키고, 되풀이되고, 울려 퍼진다."고 한다. 이런 시각에서 보면, 어린 아기들이 감각적인 인상으로 흡수하는 것들은 아기의 생명력에 영향을 미칠 것이다. 마찬가지로 아기의 몸이 발달하는 방식과 신체 기관들의 규칙적인 작용에도 영향을 미칠 것이다.[1] 이 사실은 아기가 태어나서부터 처음 7년 동안 특별히 주의해야 할 사항이고, 그중에서도 가장 깊은 영향을 미치는 시기는 어린 유아기 시절 동안이다.

---

1. 루돌프 슈타이너, 《교육의 본질Essentials of Education》, Stuttgart, 1924, 강의 2.

태어나서부터 두 살 반이 될 때까지

갓 태어난 아주 작은 아기를 팔에 안고 있다고 상상해보자. 우리가 느끼는 첫 번째 인상은 무엇이겠는가? 슈타이너는 말하길, 어린 아기 안에 있는 생명력은 주로 머리에서 활동을 하면서 신경계를 발달시키고 있다고 한다. 아기를 살펴보면 머리가 전체 몸길이의 사분의 일을 차지하고 있으며, 머리둘레 또한 가슴부분 전체만큼이나 넓다는 사실을 알 수 있다. 턱은 작으면서 아랫부분이 점점 좁아지는 형태이고, 얼굴 생김새는 둥글고 부드럽다. 팔은 짧으며, 골반과 다리는 몸의 다른 부분에 비해 덜 발달한 상태이다.

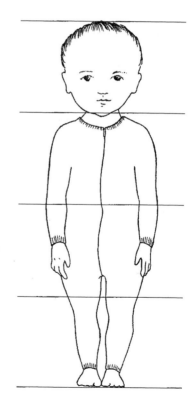

갓 태어난 아기 몸의 기관들은 그 구조와 규칙적인 작용 능력이 둘 다 여전히 발달하고 있는 상태이다. 잘 관찰해보면 갓 태어난 아기가 불규칙하게 숨을 쉰다는 사실을 알아차릴 수 있을 것이다. 그러므로 우리는 아기가 받아들이기 쉬운 나날의 리

듬으로 주위 환경을 감싸주어서, 아기가 건강한 내적 리듬을 발달시킬 수 있도록 도와야 한다. 어린 아기가 움직이는 동작 역시 혼란스럽고 무질서하다. 배고픈 아기를 지켜보면, 엄청난 몸의 움직임과 손발을 계속해서 휘젓는 모습을 보게 될 것이다. 그러다가 차츰차츰 가정생활의 리듬에 적응하고 어른의 행동을 모방하게 되면, 아기들은 좀더 질서 있게 움직이기 시작한다.

이 첫 번째 단계에서 어린 아기들이 성취하게 되는 가장 중요한 부분은, 말하고, 걷는 일과 사고 영역 중 보다 본능적인 측면을 발달시키는 일이다. 유아는 태어나자마자 재빨리 이러한 발달을 시작하는데, 가령 이 시기의 울음은 언어 발달의 시작이라고 할 수 있다. 그 후 언어 능력이 점차 발달해감에 따라 아기의 울음은 우리 모두가 알고 있는 보편적인 옹알이로 발전해나간다. 아기들의 옹알이는 처음 단계에서는 전세계 어디에서나 다 똑같다. 하지만 이 옹알이는 곧 "마마mama" "바바ba ba" "다다da da" 같은 소리처럼 "아ah"로 끝나는 소리들로 달라지기 시작하다가, 점차 부모들이 쓰고 있는 특정한 말소리에 따라 서로 확연히 달라진다. 아기는 이제 자신을 둘러싼 사람들과 대상들에게 처음으로 이름을 붙이기 시작하고, 한 단어로 이루어진 문장으로 의사를 전달하기 시작한다. 그런 다음에 이 이름들을 움직이게 해주는 동사들을 덧붙인다. 마침내 우리는 아기가 말하는 간단한 문장과 복잡한 문장을 들을 수 있게 된다. 이 시기가 되면 말로 이루어지는 아기와의 상호작용이 활짝 피어나게 된다. 다시 말해, 걸음마하는 아기가 하루 종일 종알거리는 것처럼 보이기 시작하는 것이다.

아기의 몸에도 언어 발달과 비슷한 중요한 일이 일어난다. 갓 태어난 아기는 다른 사람이 떠받혀주지 않으면 자기 머리를 가눌 수가 없다. 그러다가 점점 아기의 목은 자신의 무거운 머리를 충분히 지탱할 수 있을 만큼 강해진다. 그 후 몇 달이 지나면서 아기는 누워 있다가 몸을 뒤집어서 엎드리고, 앉을 수 있게 되며, 팔과 가슴 근육을 좀더 강하게 발달시켜 나간다. 아기가 보여주는 이러한 초기의 활동들은 걷기를 위한 기본 토대가 된다.

다리와 몸통의 아랫부분이 발달해감에 따라 아기에게 기어다니는 능력이 나타나기 시작한다. 몸의 움직임과 언어 발달은 서로 밀접하게 연관되어 있다. 그렇기 때문에 언어 치료사들은 언어 문제를 겪고 있는 좀더 큰 아이들의 치료 방법으로서 흔히 기어다니기 연습을 처방하기도 한다.

이처럼 태어나서 첫 일 년 동안 아기의 발달 과정을 지켜보는 일은 대단히 멋진 일이다. 아기는 혼자서 앉고, 기고, 걷는 일을 성취해내기 위해 몇 번이고 되풀이되는 시도를 계속해나간다. 무수히 많이 넘어질지라도 아기는 절대 포기하지 않는다. 마치 아기 안에 있는 추진하는 힘이 "나는 이것을 해낼 거야!"라고 말하고 있는 것처럼 보인다. 공간 안에서 평형을 이루어낸 자신의 성취에 대해 매우 자랑스러워하고 있는 내 손녀딸의 사진(40쪽 사진)은 이 사실을 잘 말해주고 있다. 사진을 보면 아이는 공중에

하늘을 꼭 잡고
서 있다.

다 자기의 두 팔을 들어올린 채 서 있다. 아이는 자기를 붙잡아주던 지지자
들 없이 혼자 서 있지만, 여전히 하늘을 꼭 붙잡고 있는 모습이다!

모방은 언어 발달에서 아주 큰 역할을 한다. 아이들 주변에 있는 사람
들이 말을 잘 한다면 아이들 역시 말을 잘하게 될 것이다. 슈타이너는 어
린 아이들에게 이야기할 때 아기가 쓸 법한 말을 쓰지 말아야 하며, 아이
들의 말실수를 고치려 하지 말라고 충고했던 초창기 교육가들 중의 한 사
람이다. 아이 앞에서 적절하게 말하는 것만으로도 아이의 올바른 언어발

달을 이끌어낼 수 있기 때문이다.[3]

우리는 갓 태어난 아기가 먹기와 잠자기라는 두 가지 주된 활동을 했다는 사실을 떠올릴 수 있다. 그런 다음 태어나서 처음 두 해 동안에는, 아기가 혼자서 앉고, 기고, 걷기를 배우면서 활기차게 발달해가는 모습을 따라가 볼 수 있다. 아기는 온갖 활동을 통해 자기 주위의 세상을 탐험하고 발견해가고 있으며, 옹알이를 거치면서 언어도 발달시켜간다.

우리는 세상에 눈뜨고 싶어 하는 아기에게 이 모든 단계들이 다 중요하다는 사실을 깨닫게 될 것이다. 그러므로 아이가 끊임없이 변화하는 이 발달 단계들을 밟아나갈 때, 각각의 단계에 알맞은 방식으로 아이를 돌볼 필요가 있다.

두 살에서 다섯 살 반까지

초기 어린 시절의 중간단계인 이 시기에 아이가 보여주는 주된 신체상의 변화는 몸통의 성장임을 관찰할 수 있다. 중점을 두어 자라는 부분이 머리에서 몸통으로 변화하는 이 전환기에는, 몸통 부분, 특히 가슴이 더 넓

---

3. 루돌프 슈타이너, 《어린 아이들을 이해하기Understanding Young Children》, 루돌프 슈타이너의 강연 중에서 유치원 교사들에게 유용한 부분을 발췌하여 편집한 것으로 "일곱 살이 되기 전의 아이" 부분. 1921년 12월 3일에서 1922년 1월 7일 사이에 한 강연.

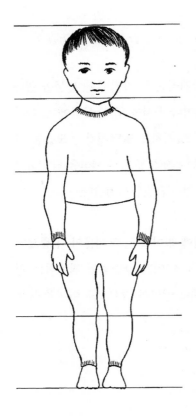

어지고 둥글게 되는 것을 알 수 있다. 아이의 생명력이 가슴 윗부분, 제일 중요하게는 심장과 폐에서 주로 작용하기 때문이다. 이렇듯 몸통의 발달이 아이 성장의 초점이 되게 되면, 전체 몸길이에서 머리의 비율이 오분의 일로 변화한다. 흔히 "걸음마하는 아기의 볼록한 배toddler tummy"라고 불리는 부분이 보통은 더 커지면서, 몸통 전체가 타원형을 닮기 때문에 약간은 오동통한 모습을 보인다. 걸어다니기 시작한 아기에게는 아직 분명한 허리선이나 등의 굴곡은 없는 상태이다.

이 시기에 머리 부분은 어떻게 변화할까? 걸음마하는 아기의 턱은 약간 앞으로 나오게 되고, 윗입술이 아랫입술 위로 살짝 튀어나오면서, 얼굴 표정이 좀더 풍부해진다. 목 또한 좀더 길어진다. 아직은 다리 부분이 힘차게 성장하고 있지는 않지만, 다리와 팔은 둘 다 약간씩 커지고 튼튼해진다.

두 살에서 다섯 살 반 사이에 아이의 움직임은 차츰 보다 민첩하고 균형 있게 되어간다. 아이는 모든 것들 위로 기어오르려 하고, 전보다 훨씬 더 안정된 자세와 속도로 달리기를 할 수 있게 된다. 도망가는 아이를 붙잡으려고 해본 부모들은 이 사실을 분명히 알 수 있을 것이다.

이와 비슷하게 아이의 내적인 발달도 이루어짐을 볼 수 있다. 걸음마하는 아이가 두 살 반 즈음의 나이가 되면 기억력이 발달하고 있다는 사실을 알아차릴 수 있다. 슈타이너에 따르면4, 이러한 초기의 기억은 모방에 그 토대를 두고 있다고 한다. 즉, "어느 날 아이는 뭔가를 모방한다. 그리고 다음날이나 며칠이 지난 후에 그것을 다시 반복한다. 이 모방 행동은 외적으로 표현될 뿐만 아니라 아이 몸의 가장 내적인 부분에까지 영향을 미친다. 이것이 바로 기억의 토대이다."

이 시기에 아이들은 처음으로 연상에 의한 기억을 발달시켜 나간다. 과자 그릇을 보게 되면 아이는 할머니에게 과자를 갖다드렸던 기억을 떠올릴 것이다. 하지만 그날 아침에 무엇을 했는지를 물어보면, 걸음마하는 아이는 할머니에게 과자를 갖다드렸던 일을 기억하지 못할 수도 있다. 그럴 때 아이는 아무것도 기억 안 난다고 대답하거나, 거의 대답을 하지 않을 것이다. 하지만 며칠 혹은 몇 주일이 지난 후에 어떤 대상이나 사건이

---

4. 루돌프 슈타이너, 《교육의 뿌리The Root of Education》 강의 3, 1924년 4월 13일부터 17일까지 한 강연.

문득 아이의 기억을 불러일으키는 연상 작용이 일어난다. 그러면 아이 머릿속에서 그때의 모든 일들이 상세한 부분까지 확 밀려올 것이다. 이 단계에서는 아이들에게 그때 무얼 했는지 같은 질문들을 되도록 안하는 것이 가장 좋다. 왜냐하면 발달상으로 아직 준비가 안 된 상태인데 아이에게 뭔가를 요구하는 셈이 되기 때문이다.

세 살 정도의 나이가 되면 아이는 "나(I)"라는 단어로 자신을 지칭하기 시작한다. 그 전까지는 자신을 "나에게(me)"라고 말하거나 토미나 조니 같은 자기 이름으로 자신을 지칭한다. 어느 날 부모나 선생님은 다음과 같은 말을 아이에게서 듣게 될 것이다. "내가 했으면 하고 엄마(혹은 선생님)가 바라는 것을 나는 하고 싶지 않아요. 나는 내가 하고 싶은 것을 할래요."

아이는 새로운 단계로 접어든 것이다. 다른 것과 분리된 존재로 자신을 인식하는 자아에 관한 이러한 첫 경험을 통해서 아이의 사고하는 능력이 일깨워지기 시작한다.[5] 이제 아이는 어제, 오늘, 내일이라는 시간 감각을 보다 분명히 발달시켜 나간다. 비록 "우리는 5분 후에 떠날 거야."란 말이 의미하는 바를 정확히 이해하기까지는 앞으로 시간이 좀더 필요하겠지만 말이다. 새로이 발달하고 있는 아이의 언어 능력과 기억력이 이러한 사고

---

5. 칼 쾨니그Karl Koenig, 《태어나서 처음 3년 동안의 아이The First Three Years of the Child》, 1969.

를 일깨워주는 토대가 된다. 조금 전에 우리는 아이가 과자 그릇을 보게 되면 할머니에게 과자를 갖다 드렸던 기억을 불러일으킨다는 예를 들었다. 이 단계를 지나면 어린 아이의 기억은 보다 독립적이 되어서, 자기가 겪은 사건이나 경험을 떠올리기 위해 눈에 보이는 실마리를 점점 더 필요로 하지 않게 된다.

"나"라고 말하는 단계에 바로 뒤이어서 "싫어(no)"라고 말하는 단계가 뒤따른다. 심지어, 보통은 아이가 하길 원하는 일도 당신이 하라고 하면 "싫어"라고 말할 수 있다. 이때 중요한 것은 이 "싫어"라는 말에 어른인 우리가 어떻게 응대할 것인가이다. 만약 우리가 당황하거나 아이와 똑같이 부정적으로 반응한다면, 세 살짜리 아이도 똑같이 따라할 것이다. 그러므로 손을 씻어야 할 시간이라면, 그냥 아이랑 같이 세면대에 가서 함께 손을 씻는 것이 제일 좋은 방법이다.

이 "싫어"란 말이 곧 지나간다는 사실을 주목해야 한다. 우리가 신발을 신겨주려고 할 때 걸음마하는 아이는 크기가 맞는지 보려고 자기가 신어보려고 할 것이다. 이럴 때 아이가 하는 일을 방해하지 않는다면, 부모와 아이 모두 좀더 행복해질 것이다. 그렇다고 꼭 해야 할 일을 안 하고 뒤로 물러나야 한다는 뜻은 아니다. 하지만 운율이 맞는 시구를 들려주거나, 노래를 불러주거나 하면서 아이와 함께 그 일을 하게 되면 흔히 세 살짜리 아이의 반항 의지는 기분 좋게 당신을 따라올 것이다. 아이가 "싫어"라고 말하는 이 시기 동안, 우리가 약간의 유머를 적절하게 사용한다면 이

것 역시 놀라운 효과를 발휘할 것이다.

　대략 세 살 즈음의 나이에 아이들은 자신의 감정을 보다 쉽게 표현할 수 있게 되며, 가까이 있는 사람들에게 좀더 애정을 보여주는 행동을 하기도 한다. 즉, 이전에는 그런 적이 없던 아이가 껴안아 달라고 우리 무릎 위를 기어오를 수 있는 것이다. 또한 이 단계 동안 아이는 말하기를 좀더 유창하게 발달시켜가는데, 어떤 일에 대해 자신이 어떻게 느끼는지를 표현하기 위해 형용사를 사용하기 시작한다. 이전에는 그저 과자를 달라고 했던 아이가 이제는 맛있는 초콜릿 과자를 달라고 하는 식이다.

　언어 발달의 이 단계에서 주목할 만한 다른 측면으로는, 아이가 자신이 새로 지어낸 말을 재미나게 사용한다는 사실이다. 아이는 말을 가지고 아주 창의적인 방식으로 놀이를 한다. 또 이야기 듣는 것을 정말로 좋아하고, 특히 잠자리에서 들려주는 이야기를 아주 좋아한다. 이야기에 대한 흥미가 점점 커짐에 따라 아이는 어휘를 좀더 알아가고 언어를 좀더 많이 이해할 수 있게 된다.

　이 시기는 또한 "왜(Why)?"의 시기이기도 하다. 아이들은 계속 반복해서 "왜?"라고 물을 테지만, 정작 우리의 대답에는 그렇게 많은 관심을 안 나타낼 수도 있다. 아이들이 "왜?"라는 물음으로 탐구하고 있는 것은 자기들도 뭔가를 물어볼 수 있다는 점이기 때문이다. 이럴 때 어른들은 아이의 질문에 잘 정리된 과학적인 대답을 해주고 싶은 유혹을 느끼기가 쉽다. 하지만 이 시기에는 간단하고 시적인 대답이 훨씬 좋으며, 사실 이 단계에서 아이들이 필요로 하는 것도 간단한 대답 이상의 것은 아니다. 예를 들어, 이 시기에 아이가 "왜 밖이 깜깜해요?"라고 물으면, "아버지 해님이 지금 자고 있어서 그렇단다. 아침에 다시 나와서 우리를 깨워줄 거야." 같은 대답이 좋은 예이다. 세 살에서 다섯 살 사이의 아이에게는 이와 같은 대답만으로도 태양 주위를 돌고 있는 지구에 대한 훌륭한 설명이 되기 때문이다.

이 시기에는 어린 아이들의 사회적 능력 역시 발달하고 있는 중이다. 각자 따로 노는 두 살짜리 아이의 놀이에서부터 세 살, 네 살, 다섯 살이 되면서 서로 상호작용을 하는 놀이로 발전해간다. 하지만 세 살짜리 아이의 입에서 자주 나오는 "내가(I)" 그리고 "싫어"라는 말들은, 흔히 고집부리는 시기라고 알려진 네 살이나 네 살 반즈음까지 이어질 수 있다. 누군가가 자기와 맞서거나 어떤 반대에 부딪치게 되면, 네 살짜리 아이는 실제로 발뒤꿈치로 땅을 파면서 도전에 응할 수도 있다. 즉, 친구들과 함께 노는 것을 즐기면 즐길수록 그만큼 장난감을 친구들과 나누는 일이 더 힘들 수도 있다는 뜻이다. 이 단계의 끝 무렵이 가까워오면 아이는 이전보다 조화로운 시기로 접어 들어간다. 심지어 몇몇 교육자들은 다섯 살 나이의 조화로운 단계를 은총의 시기라고 이름 붙이기도 했다.

다섯 살에서 일곱 살까지

다섯 살에서 일곱 살 나이 동안 아이들은 신체적인 발달에서 커다란 변화를 겪는데, 특히 다리 부분의 성장이 비약적으로 이루어진다는 것을 알 수 있다. 이전에 입었던 옷들, 특히 긴 바지가 금방 작아질 정도로 아이는 밤새 훌쩍 자라는 것처럼 보인다. 이 시기에 아이의 생명력이 주로 작용하는 곳은 팔다리와 손발 부분이다. 오동통한 아기 모습이 사라지는 대신 근육과 관절들이 조금씩 보이기 시작한다. 소위 "걸음마하는 아기의 볼록한 배"가 사라지면서 복부 부분이 날씬해진다. 척추가 굴곡을 이루면서 성숙해지기 시작하며, 허리선이 전보다 분명하게 보이기 시작한다.

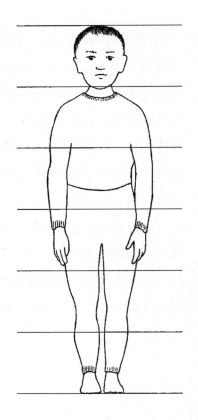

이 시기에 아이의 놀이는 좀더 목표 지향적이고, 전보다 심사숙고하는 경향을 띄는데, 다섯 살에서 일곱 살 시기에는 자신의 행동을 좀더 잘 설명할 수 있기 때문이다. 또한 세 살짜리 아이가 순수하게 즐거워서

달리는 것과는 뚜렷이 다르게, 여섯 살짜리 아이는 어떤 의도를 가지고 달린다는 사실을 관찰할 수 있을 것이다. 여러 번 노력한 끝에 아이들은 운동장에 있는 사다리나 정글짐 같은 놀이기구들을 기어오를 수 있는 능력을 얻게 되고, 지켜보고 있는 사람 누구에게나 자신이 새로 발견해낸 이 민첩한 행동을 보여주고 싶어 한다.

이 단계에서는 아이의 기억 역시 좀더 힘차게 발달하는 것을 볼 수 있다. 이 기억의 발달은, 아이가 적절하지 않은 행동을 할 때 부모와 선생님들이 아이의 주의를 다른 곳으로 돌리는 일을 이전보다 어렵게 만든다. 다시 말해, 이제 아이들은 자신이 하고 싶었던 일을 기억하고 있다가, 어쩌면 끝까지 그걸 하겠다고 고집할지도 모르는 것이다! 아이가 말하는 문장도 좀더 복잡해지며, 어딘가에서 주워들은 속어나 욕을 사용하기도 해서 당신을 놀라게 할 수도 있다. 전환이 이루어지는 이 시기에 아이는 부당함을 느낄 때 강하게 화를 낼 뿐만 아니라 건방진 말대꾸를 하는 것도 흔히 볼 수 있다. 여섯 살짜리 아이는 이제 곧 학교에 갈 나이에 가까워지고 있으며, 새로이 발달하고 있는 능력들에 적응하기 위해 애쓰고 있는 중이다.

다섯 살에서 일곱 살 나이의 아이는 또래 아이들과의 관계를 좀더 많이 의식하게 된다. 자신이 선택한 친구들과 놀이하는 날은 아이에게 아주 중요한 날이 된다. 놀이하는 세계도 확장되어서 집과 뒷마당뿐만 아니라 자신이 사는 구역 전체를 놀이 세계에 포함시킨다. 이제 저녁 먹을 시간이

자신이 선택한 친구들과 놀이하는 날은 아이에게 아주 중요한 날이 된다.

면 부모들은 자기 아이들을 부르러 이웃집 주위를 찾아볼 필요가 있게 된 것이다. 좀더 큰 아이들은 자전거타기, 줄넘기, 공놀이, 분필 놀이 같은 규칙이 있으면서 서로 돌아가며 해볼 수 있는 보다 복잡한 길거리 놀이들을 하게 된다. 이 시기에 아이는 친구들과의 관계에서 자유로운 기분을 느끼는 것처럼 보이지만, 부모들은 아이들이 여전히 조심스럽게 경계한다는 사실을 알 수 있을 것이다.

따뜻함의 중요성

슈타이너는 따뜻함이 생명을 뒷받침해주고, 그런 까닭에 모든 건강과 발달의 기본 토대가 된다고 가르쳤다. 심지어 태어나기 전부터 아기는 어머니의 자궁을 통해서 이 따뜻함을 느낀다. 어른인 우리는 자신을 따뜻하게 만들 수 있는 능력이 있지만 어린 아기들은 이 일을 잘 해내지 못한다. 따뜻함을 유지하기 위해 아기들은 부모들이 신체 접촉을 해주거나 알맞은 옷을 입혀주고 이불을 덮어주는 일들에 의지해야 한다. 많은 전통적인 문화에서 어머니들은 여전히 아기를 배내옷으로 감싸며 자기 몸 가까이 밀착해서 아기를 돌본다. 특히 태어나서 처음 일 년 동안은 더욱더 그러하다.

인지학을 적용하는 의술로 치료를 하는 외과의사인 안드레아 렌티아 Andrea Rentea 박사는 이렇게 설명하고 있다. "태어난 후 곧바로 따뜻하게 감싸주지 않았던 것처럼 보이는 신생아는 결국 인큐베이터에 들어가서 필요한 열을 더 얻어야 할지도 모른다. 왜냐하면 아기는 자기 몸의 열을 유지할 수 없기 때문이다."[6] 가냘픈 아기를 따스하게 유지시켜주기 위해서는 어른의 주의 깊은 보살핌과 노력이 필요하다.

갓 태어난 아기를 어머니의 배 위에 올려놓는 일은 어머니가 지닌 몸의 열을 제공해줌으로써 아기를 좀더 따뜻하게 해주는 일이다. 이와 마찬가지로 금잔화 오일이나 아몬드 오일 같은 오일들도 몸을 따뜻하게 해준다.

아기에게 모자를 씌우고 갓 태어난 아기를 배내옷으로 감싸는 일 역시 아기 몸이 따뜻하게 유지되도록 해줄 것이다.

차가운 바닥에서 놀고 있는 걸음마하는 아기들이 따스함을 잃지 않도록 하기 위해 천연 섬유로 짠 깔개를 깔아주는 것도 좋은 방법이다. 유럽에서는 "R"이 들어가는 모든 달(1월에서 4월까지 그리고 9월부터 12월까지)은 아기들에게 양모나 실크로 짠 타이츠나 긴 양말을 신게 하는 달이라고 말한다. 아기의 몸이 지니고 있는 열의 70퍼센트는 머리를 통해 빠져나간다. 그러므로 따뜻함을 유지하기 위해서는 모자가 아주 중요하다.

유치원에 다니는 아이들은 자기가 추위를 느끼는지 아닌지를 알아채지 못하는 것처럼 보인다. 아이들에게 추우냐고 물어보면, 약간 춥다고 느낄지라도 보통은 춥지 않다고 대답할 것이다. 아이들에게는 아직 따뜻함을 느끼는 내적 감각이 완전히 발달하지 않았기 때문이다. 렌티아 박사는 따

---

6. 인지학적인 접근으로 치료를 하는 것은 전통적인 의료를 확장한 것으로, 루돌프 슈타이너에 의해 전개된 인간에 대한 이해에 그 기초를 두고 있다. 의술에 관한 슈타이너의 접근 방식은 자신의 통찰과 경험에 따라 동종요법, 아로마세라피(향기요법), 자연요법, 생기론vitalism(생명의 현상은 단순한 물리, 화학적 작용에 의한 기계적 현상이 아니라 근본에 내재하는 생명력에 의해 일어난다는 이론—옮긴이), 파라셀수스(1493~1541, 스위스의 의학자이자 연금술사로 인체를 화학적으로 파악한 의화학의 선구자—옮긴이) 의학을 통합하고 있다. 이러한 치료 방식을 탐구하는 데 관심 있는 사람들은 슈타이너의 강연과 논문 모음집인 《인지학적인 의술에 대한 소개 An Introduction to Anthroposophic Medicine》를 읽고 싶어 할 것이다. 이 책은 1999년 뉴욕시에 있는 Anthroposophic Press에서 출판되었다.

뜻함을 유지하기 위해서 자신의 에너지를 소모해야만 하는 아이는 건강한 몸으로 자라는 데 필요한 에너지가 부족할지도 모른다고 넌지시 암시하고 있다. 또한 이런 아이는 모든 부분을 잘 발달시키는 데 기여해야 할 에너지가 부족할 수도 있을 것이다. 그러므로 아이에게 천연섬유로 된 장갑, 목도리를 두르게 하고 조끼, 티셔츠, 스웨터 같은 옷들을 알맞게 껴입혀서 따뜻하게 보호해주어야 한다. 추운 겨울철에 따뜻한 난롯가에 앉아, 효과가 인정된 뜨거운 회향 풀 차나 카모마일 차 혹은 들장미 열매 차 한 잔을 마시거나, 따뜻하게 데운 톡 쏘는 애플사이다 한 잔을 홀짝거리는 것보다 아이에게 더 아늑하고 따스한 일이 무엇이겠는가? 마요라나(유럽 원산의 차조기과의 초본 모양을 한 관목으로 전체에서 향기가 나고 약용 혹은 식용으로 쓰임.—옮긴이), 타임(백리향), 오레가노(향신료의 일종), 딜(회향 풀 비슷한 미나리과의 식물로 열매와 잎을 향미료로 씀.—옮긴이), 카레 가루 같은 향신료들 역시 겨울철 음식에 따뜻함을 제공하고 풍미를 높여준다.

어린 시절에 앓는 병 또한 따뜻함의 측면에서 건강을 유지하려는 힘이 발달하도록 아이를 지원해준다는 사실을 알게 되면 아마 놀랄지도 모르겠다. 아이의 병을 잘 관찰해보면, 어른이 앓는 병과는 달리 보통은 열이 난다는 것을 알 수 있다. 렌티아 박사의 관찰에 따르면, 어린 시절에 열이 오르는 병을 많이 앓았던 아이들은 자라서 정신적으로나 육체적으로 아주 따뜻할 수 있는 가능성이 많다고 한다.

발도르프 유치원에서 선생님들은 아이들이 항상 날씨에 알맞은 옷을 입도록 지도하여 아이들을 따뜻하게 보호하고 돌본다. 그 밖에도 만일의 경우 갈아입힐 옷들과 예측할 수 없는 날씨에 대비해서 여벌의 셔츠나 스웨터를 준비해달라고 부모들에게 요청한다.

리듬의 중요성

자연에 좀더 가까이 의존해서 삶을 꾸려가면 갈수록 사람들의 삶은 필연적으로 보다 주기적이 되면서 리드미컬해진다. 이런 사람들은 나날의 리듬, 일주일의 리듬, 심지어 계절의 리듬들이, 사람이 살아가는 데 필요한 것들을 생산하도록 도와준다는 사실을 깨달을 것이다. 그밖에도 이 리듬들이 자신들이 하는 일에 힘을 더해주는 좋은 것임을 본능적으로 알게 된다. 월요일은 빨래하는 날, 화요일은 다림질하는 날, 이런 식으로 쭉 나가다가 주말인 토요일은 빵 굽는 날, 일요일은 교회에 가거나 누군가를 방문하고, 새로운 다음 주일을 위해 쉬는 날로 정해두는 식이다. 이러한 일상은 아이들에게 대단한 안정감을 부여해준다. 어린아이였을 때 우리 어머니가 가정생활 속에 이러한 리듬들을 만들어주었기 때문에, 나는 이 안정감이 무엇인지를 잘 알고 있다. 일주일에 해야 할 일상적인 일들에 관한 예들로는 "우린 여기서 뽕나무 주위를 빙빙 돌아요.Here We Go Round the Mulberry Bush."(190쪽에 나와 있다) 같은 전래동요나 운율이 맞는 시구들을 참고할 수 있을 것이다.

얼마 전까지만 해도 많은 사람들이 일을 할 때 리드미컬한 노래에 맞추어서 필요한 일들을 하곤 했다. 수확할 때 부르는 노래들, 노를 저을 때 부르는 뱃노래들, 나무를 톱질할 때 부르는 노래들이 그것들이다. 음악적인 리듬에 맞추어서 함께 일을 하게 되면 개인의 힘이 덜 들기 때문이다. 또한 이러한 노래들은 일하는 사람들의 힘을 북돋아주고 긴장과 피로를 덜 느끼게 해준다.

그런데 지금 우리가 꾸려가고 있는 생활을 살펴보게 되면, 이러한 리듬들은 대체 어디로 간 것일까? 전자동 세탁기와 빨래 건조기를 갖춘 우리는 일주일의 리듬을 상관하지 않고도 언제든지 한 아름의 빨래를 끝내버릴 수 있다. 또한 더 이상 다림질하는 날을 정할 필요가 없을 수도 있다. 필요하다면 그냥 아무 때나 한 벌의 옷이라도 다림질할 수 있으며, 아예 다림질할 필요가 없는 옷들을 구입함으로써 다림질 자체를 안 할 수도 있기 때문이다. 이제 더 이상 우리 아이들은 일상생활의 처음 시작부터 완성이 되기까지 전 과정을 볼 수가 없게 되었다. 그렇다고 우리들 중 누구도 현대 생활의 편리함을 포기하고 싶어 하지 않을 것이다. 하지만 그 대가로 우리가 잃어버린 이러한 리듬들은 아이들에게 안정감을 줄 뿐만 아니라 인간의 삶이 가상이 아닌 실재하는 현상이란 느낌을 부여해주었다.

영국 발도르프 유치원에서 은퇴한 선생님인 마가렛 메이어코트 Margret Meyerkort는, 만일 아이들이 규칙적인 외적 리듬을 갖고 있다면 내적인 리듬 역시 잘 발달할 거라고 이야기하고 있다. 저녁 먹는 시간이 매일 규칙적이라면, 그 시간에 맞춰서 아이의 소화액이 분비되기 시작할 것이다. 잠자리에 드는 시간이 규칙적이라면, 잠자리 준비를 하면서 이야기를 들려주고 기도를 하거나 짤막한 시구를 읊을 즈음이면 아이는 아마 졸리기 시작할 것이다. 아이의 몸과 생명력이 이 정해진 일상에 적응하기 때문이다.

생활에 리듬이 없다면, 아이들은 시간대가 다른 곳을 떠도는 여행자처럼 느낄 것이다. 만일 어른인 우리가 대양을 건너 다른 시간대로 날아간다면, 우리는 이것에 대해 스스로 의식을 함으로써 시간이 바뀐 것과 내적인 리듬이 깨트려진 것을 보충할 수 있을 테지만 아이들은 그렇지 못하다. 그러므로 집 안에서 아이에게 일정한 리듬을 제공해줄 수 없다면, 적어도 아이가 매일 비슷한 상황 속에서 지낼 수 있도록 해주어야 한다. 리듬이 없는 가정에서 자라는 아이는, 어린 시절의 꿈꾸는 의식으로부터 지나치게 서둘러서 일깨워짐으로써 중요한 어린 시절이 실제로 짧아져 버릴 수 있다. 또한 리듬이 부족한 상황에서 지내는 아이는 나름대로 균형을 유지하기 위해 애쓰느라 자기 한계가 넘는 에너지를 무리하게 쓸 수도 있다.

우리 모두는 몸의 리듬이 건강과 질병을 보여주는 척도임을 잘 알고 있다. 의사는 환자를 검사할 때 신체 내부에 있는 심장의 고동, 혈압, 박동수를 체크한다. 그리고 이러한 리듬들이 불규칙하다면 병이 있는 것으로 진단을 내린다. 리듬은 또한 체력을 일정하게 유지하는 일에도 도움을 준다. 예를 들어, 조깅을 하는 사람이 빨간 신호등이 켜져서 잠시 멈춰야 할 때면, 신호가 바뀌길 기다리는 동안에도 자신의 신체 리듬이 깨지지 않도록 제자리에서 계속 뛸 것이다.

어떤 부모들은 바쁜 현대 생활에서 자기 아이들에게 리듬을 만들어주기가 쉽지 않다고 느낄 것이다. 그럴 때면 나는 부모들에게 우리 모두는 리듬들로 이루어진 세상에 태어났다고 일깨워준다. 비록 보통 때는 잘 의식하지 못할지라도 이러한 우주적인 리듬들은 우리를 지지해주고 북돋아주는 역할을 한다. 가령, 일주일을 이루고 있는 7일, 태양이 뜨고 지는 것, 달이 차고 기우는 모습, 계절의 변화 등이 그 예들이다. 그렇다고 이 우주적인 리듬들을 만들어내기 위해 우리가 일부러 뭔가를 할 필요는 없다. 이 리듬들은 우리가 살아가고 있는 이 자연 세계로부터 주어진 선물이며, 아이들을 위해 어떤 리듬을 만들어주고자 할 때 우리를 도와주고 지원해줄 것이다. 이렇듯 가정과 학교에서 이 생명을 유지시키는 리듬을 제공하게 되면, 아이들에게 자연의 리듬과 보다 긴밀하게 접촉하게끔 도와주는 셈이 된다.

유치원에서 이루어지는 리듬들

발도르프 유치원에서 이 도움이 되는 리듬들이 어떻게 흐르고 있는지는 아침 시간 내내 분명히 알아볼 수 있다. 아이들이 지루해 하지 않고 그렇다고 지나치게 자극적이지도 않은 균형을 유지하기 위해서, 선생님들은 "숨을 들이쉬는" 시간과 "숨을 내쉬는" 시간(혹은 수축과 팽창 시간)을 시간

표에 고루 짜 넣는다. 하나의 예로 우리 반에서 이루어지는 아침 시간을 살펴보자. 우선, 아이들이 유치원에 도착해서 잠시 동안 자유 시간을 갖는 것은 "숨을 내쉬는" 시간이다. 그런 다음에는 "숨을 들이쉬는" 시간 혹은 수축 시간이 뒤따르는데, 이때는 둥그렇게 함께 모여 크고 작은 몸짓들을 하면서 간단한 시구나 노래를 부른다. 그런 후 아이들이 다시 "숨을 내쉬는" 시간이다. 이때는 조금 긴 자유 놀이 시간으로 아이들이 자신들의 놀이를 확대해나가는 시간이다. 이 놀이를 정리하고 간식을 먹는 일은 다시 "숨을 들이쉬는" 기간이다. 밖에 나가서 놀 때는 "숨을 내쉬는" 시간이고, 마침내 선생님이 들려주는 이야기를 듣고 헤어지기 전에 둥그렇게 다시 모일 때는 다시 한 번 "숨을 들이쉬는" 시간이다.

리듬은 또한 아이들을 훈육하는 데 대단히 큰 도움이 된다. 만일 아이들이 이 다음에 무슨 일이 일어나는지를 알고서 안정감을 느낀다면, 아이들은 좀더 기꺼이 "흐름에 따르려고" 할 것이다. 하루를 보내면서 아이들이 다음에 일어날 일에 대한 이미지를 갖게 되면, 선생님들이 이끄는 외적 활동을 할 때 아이들 마음속에서 그 이미지들이 솟아나올 것이다. 선생님이 하고 있던 일을 치워놓고 간식 먹을 테이블을 준비하는 것을 보게되면, 아이들은 이제 곧 장난감을 정리할 시간이라는 사실을 알게 된다. 그러면 의자를 적당한 자리에 놓고 정리하는 일을 시작하면 된다.

발도르프 유치원 선생님들은 언제나 같은 방식으로 장난감들을 정리한다. 먼저 놀이용 받침대 같은 큰 것들을 치우고, 그 다음에는 나무토막들과 나무판자들을 정리한다. 그 다음에는 조개껍질, 돌멩이, 나무로 만든 장난감들, 소꿉놀이용 그릇처럼 바구니에 담거나 선반에 정리할 것들을 모은다. 마지막으로 천들을 접어서 바구니 안에 정리한다. 가능한 한 우리는 물건들을 매일 같은 장소에 정리해둔다. 그래야 아이들이 모든 물건들이 어디에 있는지를 곧 알 수 있고, 자신도 정리하는 일을 돕고 싶은 마음이 들 것이기 때문이다. 이러한 모든 일들이 유치원 교실의 환경을 창조해내는 일이다. 아이들은 이 환경 안에서 앞으로 무엇을 할 것인지를 언제나 알 수 있으며, 자신들의 욕구가 분명히 충족될 것이라는 사실을 알고서 안심할 것이다.

가정에서 이루어지는 리듬들

유치원에서 했던 것과 같은 리듬을 가정에서도 역시 적용할 수 있다면, 아이들이 이런저런 활동을 하며 하루를 보낼 때 "들이쉬고, 내쉬는 숨쉬기"의 훌륭한 점들을 깨닫게 될 것이다. 집에서 어린 아이와 하루를 보낼 계획을 짤 때 이 리듬을 적용해 보자, 예를 들어, 밖에서 노는 시간, 안에서 노는 시간, 누군가와 함께 노는 시간, 혼자 노는 시간, 먹는 시간, 쉬는 시간 등이 그것들이다.

부모 모두가 일을 하러 나가는 가정에서조차 리듬이 일상의 중요한 부분이 될 수 있다. 매일 규칙적으로 일어나서 하루를 준비한다거나, 전날 저녁에 아이와 함께 다음날 입을 옷을 준비해놓는 것 등이 하나의 예이다. 가족이 모두 함께 모이는 아침 식사나 저녁 식사 시간은 아이가 하루 종일 학교나 유치원에 가 있어야 하는 경우에는 특별히 더 중요한 일이 될 것이다. 잠자리에서는 매일 조금씩 나누어서 행할 수 있는 일들을 계획할 수 있는데, 가령 이야기를 들려주거나 잠자리용 시구를 암송하는 일 같은 게 좋다. 주말에는 좀 전에 이야기한 숨쉬기의 특질을 살려서 집안에서 쉬는 시간과 밖에서 활동적으로 노는 시간을 번갈아가며 행하는 게 좋다.

내가 알기로 어떤 부모들에게는 이런 식의 시간표를 짜는 일조차 어려울 정도로 자신들이 하고 있는 일이 불규칙적인 사람들도 있다. 그럼에도 불구하고 부모는 아이가 매일 믿고 의지할 만한 것들을 제공해주는 일을 최우선 목표로 삼고서, 가능한 창조적으로 각각의 상황들에 대처해야 한다.

물론 가족 안에 각기 다른 나이대의 아이들이 있는 경우라면, 리듬을 제공하는 일이 약간은 어려울 수 있다. 하지만 나날의 일과에서 아주 작은 리듬일지라도 어린 아이들에게는 도움이 된다는 사실을 알게 될 것이다. 매일 특정한 시간에 아이들더러 밥 먹을 식탁을 준비하도록 돕게 해보자. 가령, 식탁용 냅킨을 깔고 꽃을 준비하는 일 같은 단순한 일들이 아마도 저녁 식사 시간의 전체 분위기를 바꿔놓을 것이다.

그밖에 특별한 활동들을 통해서 일 년 중 계절의 변화를 나타내는 일은

자연에서
가지고 온
멋진 보물

가정생활에 계절의 리듬을 부여해준다. 예를 들어, 수확의 계절인 가을은
한 해 중 부엌을 위한 시기이다. 즉, 병조림을 하고 음식물을 냉동하고 저
장하는 시기이자, 수확을 하면서 곡식들을 거두어들이는 시기인 것이다.
사과를 따서 껍질을 벗겨 사과 파이 구울 준비를 하는 일 등은 아이들도
참여할 수 있는 계절 활동들이다. 자연에서 뭔가를 거두어들이는 시간은
아주 멋진 시간이다. 밖에서 모아온 이런 저런 것들로 자연을 보여주는

촛불의 마법

테이블을 간단하게 꾸밀 수도 있다. 가령 도토리들, 나뭇잎들, 산책하면서 아이들이 모은 특별한 돌멩이들이 훌륭한 재료가 될 수 있다. 이러한 것들은 아이들에게 대단히 멋진 보물들이며, 특정한 계절에 자연 안에서 일어나는 일들과 아이들이 만날 수 있도록 해준다.

가정에서 축제들을 즐기고 축하하는 일 역시 아이들을 매우 기쁘게 할 것이다. 부모가 특정한 경축일을 위해 준비를 하고 집안을 장식하는 것을 보게 되면, 아이들은 지난해에 있었던 축제의 기억을 떠올리면서 즐거워할 것이다. 이러한 축제일들은 아이들에게 멋지고 특별한 시간이 다시 다가온다는 믿음을 주기 때문이다.

매 계절은 제각기 특별한 성질을 지니고 있다. 해가 짧아지면서 외적인 빛이 점차 어두워지는 계절에는 하누카 축제Hanukkah(기원전 165년에 예루살렘에 있는 성전을 다시 봉헌한 일을 기념하는 유대교 축제일로 11월이나 12월에 시작해서 8일 동안 계속된다. —옮긴이)나 크리스마스 축제를 준비하고 축하하면서 우리 내면의 빛이 강해짐을 축하한다. 이와 반대로 여름에는 환한 빛과 따뜻함 속에서 우리가 넓게 확장되므로 꿈꾸는 듯한 이 여름의 특성을 감사히 여기며 축하한다. 아이들은 변화하는 계절의 특별한 성질들을 깊이 받아들이면서 무럭무럭 자라날 것이다.

부모들의 질문들

부모 1: 바바라, 당신이 어떻게 자랐는지를 듣는 게 참 좋았어요. 당신이 멋지고 리드미컬한 어린 시절을 보냈다는 게 당연하다고 저는 생각한답니다. 하지만 저는 몹시 힘들어 하는 홀어머니 밑에 여덟 명이나 되는 아이들이 있는 가정에서 자랐어요. 저희 어머니에게 삶은 정말 너무나 벅찬 것이었어요. 어머니는 늘 빨래를 하고 있거나 자식들 중 누군가를 잡으러 달려 나가야 했답니다. 그런데 문제는 제 자신의 삶에서도 이와 비슷한 일이 일어나고 있다는 거예요. 어른인 제가 어떻게 당신이 말한

그 리드미컬한 감각을 붙잡아서 우리 아이들에게 전해줄 수 있을까요? 저로서는 그 일을 해낼 수 없을 것만 같아요.

부모 2: 저도 그래요! 저는 아이들을 키우면서 내적으로 큰 혼란을 느끼고 있어요. 때로 제가 원하는 것과 우리 아이들이 원하는 것이 서로 아주 다르다는 걸 느껴요. 오후가 되면 저는 집에서 벗어나서 밖으로 나가고 싶은 욕구를 느낄 때가 많은데, 그 시간에 아이들은 정말로 집 안에 있어야 할 시간이잖아요. 아이들의 필요와 저 자신의 욕구 사이에서 어떻게 균형을 맞출 수 있을까요?

바바라: 저라면 작은 것부터 시작할 것 같아요. 하루에 당신이 하는 일 중에서 우선 한 가지를 정해보세요. 그리고 그 하나의 활동으로부터 어떻게 당신이 아름다운 리듬을 만들어낼 수 있을까를 스스로 고민하고 실천해보는 거예요. 이 활동이 새로운 리듬으로 생활에 스며들었다고 느낄 즈음이면 또 다른 활동을 정해서 그렇게 해보는 식으로요.

부모: 그 한 가지 활동의 예를 좀 들어주시겠어요?

바바라: 설거지는 어떨까요? 이 일은 우리 모두가 하는 일이니까요. 설거지를 하나의 정해진 일상으로 만들어 보세요. 여러분들은 식

탁을 어떤 식으로 치우는지요? 손쉽고 재미나게 이 일을 할 수 있게 만들어보세요. 그러면 아이들 역시 이 일에 참여할 거예요. 제일 중요한 것은 설거지를 할 때 여러분들의 태도가 어떤가 하는 거예요. 혹시 재빨리 서둘러서 설거지를 해치워버리려는 태도인가요? 아니면 그릇 하나를 닦을 때마다 마음을 집중해서 하는지요?

부모: 우리 집은 완전히 통제 불능 상태인 듯해요. 매일 밤 저와 아이들은 남편 없이 저녁을 먹곤 한답니다. 늦게 저녁을 먹고 나면 그릇을 설거지통에 그냥 놔두게 되고, 그러고 나면 벌써 자야 할 시간이 돌아와요. 퍽 늦은 시간에 아이들을 재우고 나면 저도 자러 가는데 그러면 설거지를 못한 채로 잠자리에 들게 돼요. 문제는 집이 이렇게 엉망일 때면, 다음날 아이들도 잘 지내지 못한다는 거예요. 그러니까 아이들이 서로 사이좋게 놀지 못하는 것처럼 느껴져요.

바바라: 그럴 때는 좀더 이른 시간에 저녁을 먹게 되면 상황이 많이 달라질 거라고 생각합니다. 여러분이 설거지를 하고 치우는 동안 아이들에게 좀더 놀 수 있는 시간을 주게 되거든요. 그러면 아이들은 잠자리에 들기 전에 좀더 건강하게 소화를 시킬 시간을 갖게 되는 셈이고요.

부모 1:   저는 정해진 시간에 잠자리에 들고 설거지가 깨끗이 돼 있는 상태를 좋아하기 때문에 아이들에게 너무 엄격한 게 아닌지 항상 염려가 돼요. 제가 너무 유연하지 못한 걸까요? 하지만 오늘 선생님이 하신 이야기를 들어보면, 가정생활에 질서를 유지하려고 애쓴다는 점에서 저는 어쩌면 괜찮은 부모일지도 모른다는 생각이 들어요. 하여간 딸아이의 욕구를 충족시켜주기 위해서라도 제 자신의 리듬들을 연구해봐야 할 것 같아요,

부모 2:   당신이 지금 말한 아이들의 리듬을 고려하면서 자신의 일들을 처리한다는 게 어떤 의미인지 저는 알아요. 사실 그 일은 어려운 일이랍니다!

바바라: 이 일은 항상 아슬아슬하게 곡예를 하는 일처럼 보이지 않나요? 이런 상황일 때 우리는 엄격함과 분명한 선이 없는 상태 사이에서 중도를 찾아야 할 필요가 있다고 봅니다.

부모 1:   하지만 제가 뭔가 중요한 일을 하고 있을 때 아이들이 끼어들어 자기들도 하고 싶어 하면, 제 경우에는 화가 폭발하게 되는 상황이 일어나곤 해요. 저로서는 아이들이 저를 도와줄 수 있게끔 미리 계획을 짤 수 없을 때가 많아요. 어떤 때는 "얘들아, 그냥 나 혼자서 이 일을 재빨리 할 수 있게 놔두렴." 하는 생각까지 한답니다.

부모 2: 제 경우는 아이들과 무슨 일을 함께 할 때, 작은 콩들이나 천 조각을 엎지르는 것을 방지하기 위해 넓은 요리용 천을 깔거나 마루바닥 위에서 그 일을 했던 게 기억납니다. 그러면 나중에 집안 대청소를 해야 할 만큼 주변을 엉망으로 만들지 않으면서 아이들과 그 순간을 함께 할 수 있었어요.

바바라: 매일 이루어지는 가정 일들에 아이들을 함께 참여시키는 일이야말로 진정한 예술입니다. 그러기 위해서 여러분들이 미리 그 방법들을 생각해보는 게 어떨까요. 그러면 그 일을 할 시간이 되었을 때 마음의 준비가 되어 있을 테니까요. 이런 노력의 결과로 아이가 보여주는 긍정적인 반응이야말로 여러분들의 노력에 대한 충분한 보상이 될 것입니다.

부모: 우리 집의 경우에는 주중에는 아주 불규칙적인 생활을 하고 있어요. 매일 매일이 다 다르거든요. 어떤 날은 저녁에 아이를 가르치다가 그 다음날에는 오후에 가르치는 식이에요. 아이들은 자기들이 매일 해야 할 일을 어떻게 알게 되는지를 알고 싶어 해요. 아이들 스스로가 어떤 날에 외출하고, 어떤 날에 집에 머무는지 등을 알게 된다면 참 좋을 것 같거든요.

바바라: 우리가 어린 유아반에서 발견한 바로는, 아이들은 일주일을 월요일, 화요일, 이런 식으로 아는 게 아니라, "빵 굽는 날" "그림

그리는 날" 같은 방식으로 알아가고 있어요. 아이들은 자기들이 하는 활동을 통해서 그날이 어떤 날인지를 배우기 때문이지요. 아이들도 참여할 수 있으면서 각각의 날들을 특정한 날로 만들 수 있는 한 가지 일들을 찾아보면 어떨까요?

부모: 우리 집처럼 토요일을 팬케이크 굽는 날, 일요일은 달걀 삶는 날로 하는 건 어떨까요?

바바라: 그래요. 아이들에게 그날을 특정한 날로 인식시킬 수 있는 한 가지 방법이군요. 다른 방법으로는 침대보 갈아 끼우는 날, 놀이방 청소하고 장난감을 분류해서 선반에 정리하는 날 등이 있을 수 있겠지요.

부모 1: 얼마 전에 저는 애미쉬 공동체(17세기에 스위스 목사 J. 암만이 창시한 메노파의 한 분파로 미국으로 이주하여 매우 검소한 복장과 전기나 자동차를 사용하지 않는 공동체로 유명―옮긴이)에 관한 책을 읽었어요. 이 공동체의 한 여성은 힘든 노동을 하는 삶 속에서도 자신이 하는 일을 단조롭고 고된 일로 생각하지 않고 그렇다고 광신적으로 몰두하지도 않았어요. 그녀의 방식을 보고 저는 깊은 감명을 받았어요. 식탁을 멋지게 차리려는 아이디어가 그녀에게는 아주 만족스러운 일이더군요! 우리 집의 두 살 된 꼬마는 항상 식탁 차리는 일을 돕고 싶어 한답니다. 아이가 식탁 위에 냅킨을 차려 놓았을 때, 그 단순한 아름다움을 바라보는 게 저는 참 좋아요. 그럴 때면 이전에 아이가 도와주는 것을 원치 않았던 때나 그냥 저 혼자 서둘러서 해치워버리곤 했던 때가 생각나면서, 아이에게 미안해서 울고 싶어진다니까요.

부모 2: 저희 어머니는 나름대로 질서가 있는 분이셨어요. 그런데 이 질서에는 유연함이 별로 없어서 때로 너무 엄하다는 느낌이 들었어요. 하지만 내 삶 속에 질서가 없으면 행복하지 않은 걸 보니, 그러한 리듬들이 내 안에도 들어 있다는 생각이 드는군요.

바바라: 아주 좋은 점을 말해주셨어요. 우리는 살아가면서 유연함과 수용하는 태도를 유지해야 해요. 가령, 세탁하는 날이라고 해서 다른 중요한 일이 생겼는데도 끝까지 세탁하는 일만 고집할 수는 없겠지요. 우리가 짜여진 계획의 노예가 되어서는 안 되니까요. 하지만 하고 싶고, 해야 하는 나날의 기본 계획이 있다면, 다른 모든 일들도 훨씬 부드럽게 되어갈 거라고 봐요.

부모: 저에게는 외동아이가 하나 있어요. 여러분 어머니들에게 신이 좀더 많은 축복을 내려주시기를 빕니다! 저는 여러분들이 이 일을 어떻게 해나가는지 모르겠어요. 저의 리듬을 살펴보면, 오후가 되면 저는 에너지가 고갈되는 느낌이 들 때가 있어요. 저녁 식사를 하기 전에 왠지 원망스런 기분이 들 때도 있고요.

이럴 때는 남편을 봐도 별로 위안이 안 되더군요. 저는 고요한 시간을 만드는 능력이 부족한가 봐요. 게다가 겨우 세 살밖에 안 된 아들 녀석더러 좀더 독립적이 되라고 설득하고 있는 실정이랍니다. 아이가 때로는 혼자서 좀 놀았으면 좋겠거든요. 저는 정말로 아이 옆에 항상 붙어 앉아서 책을 읽어주거나 놀아주고 싶지는 않아요.

바바라: 이런 일은 아주 흔히 있는 문제랍니다. 이럴 때면 여러분과 아이가 밖으로 나가야 할 시간인 겁니다. 장소를 바꿔보세요. 신선한 공기를 좀 쐬는 거지요.

부모 1: 그런 상황일 때 중학교 1, 2학년 정도의 여자 아이더러 잠시 아이와 놀아달라고 요청하면 어떨까요? 아이들은 자기보다 좀 나이가 많은 언니나 형들을 정말로 좋아하거든요.

부모 2: 하지만 만일 그 시간이 아이가 낮잠 잘 시간이라면, 아이는 노느라고 잠을 안 잘 테고, 그러면 제가 피곤해지지 않을까요?

바바라: 예전에 저는 우리 아이들에게 이렇게 말하곤 했어요. '비록 너희들은 피곤하지 않을지라도 지금 이 엄마는 좀 피곤하구나.' 그러면 아이들은 30분 정도는 자기들 방에 가서 놀 수 있어요. 때때로 여러분들에게 꼭 필요한 것은 아주 약간의 자유로운 느

낌일 겁니다. 아니면 침대 위에서 아이와 함께 몸을 쭉 펴고 책을 읽는 일일 수도 있고요.

부모: 우리 가족에게는 밥 먹는 일이 생활의 거의 전부를 차지하는 것 같아요. 딸아이는 아침 식사 시간에 도무지 배고파하질 않아요. 저녁 식사 시간은 오후 6시부터 8시까지 상황에 따라 달라져요. 식사 시간이 규칙적이지 않은 것에 대해 저는 약간의 죄의식을 느끼고 있어요. 어쨌든 늦게 저녁을 먹고 나면 잠자리에 드는 시간도 늦어지기 마련이죠. 그 결과 다음날 아침이면 정말 골치가 아픈 상황이 벌어져요.

바바라: 먼저 저녁 식사 시간으로 두 시간을 다 허비하지 않도록 시간을 줄여보는 게 어떨까요. 그렇다고 오후 5시 30분에 저녁을 먹겠다는 목표를 세울 필요까지야 없지만, 5시 30분에서 7시 사이에 먹겠다고 계획을 세우는 거예요. 이 일이 자리를 잡아가면 저녁밥 먹는 시간을 좀더 짧게 줄여나가 보세요.

부모: 저의 경우는 아침에 미리 저녁식사 준비를 해놓는 게 도움이 되더군요. 바쁜 날에는 저녁 식사로 미리 끓여 놓은 스프나 센 불에 재빨리 볶는 요리 등을 빠르게 준비할 수 있어요. 저녁에 빠르게 음식을 만들어 차릴 수 있도록 하기 위해서, 저는 식탁에 바로 올릴 수 있는 요리 냄비나 질그릇 냄비를 사

용한답니다.

바바라: 오늘 여러분들의 삶과 아이들의 삶을 리드미컬하게 이끌어줄 계획을 짜는데 도움이 되는 새로운 아이디어들을 모든 분들이 많이 얻었기를 바랍니다. 우리와 아이들의 주의를 산만하게 하는 것들로 가득 찬 생활 속에서 이 일은 정말로 쉽지 않은 도전일 수 있습니다. 하지만 이 일을 통해 여러분들의 가족이 얻는 이익은 충분히 노력할 가치가 있을 만큼 클 겁니다.

부모: 저는 선생님이 좀 전에 이야기하신 어린 아이들이 모자를 쓰는 문제로 되돌아갔으면 싶어요. 여름철 동안에 모자 쓰는 일은 어떻게 해야 하나요?

바바라: 우리는 따뜻한 날씨에도 어린 아이들이 모자를 써야 한다고 믿고 있어요. 아이들은 뼈를 튼튼하게 해줄 비타민 D를 하루에 20분 정도만 필요로 한답니다. 렌티아 박사는 어린 아이들이 필요 이상 햇빛에 노출되는 것, 특히나 오전 10시에서 오후 2시 사이에 보호를 받지 않고 직접 햇빛에 노출되는 일은 좋지 않은 일이라고 믿고 있어요. 피부색과 관계없이 모든 아이들이 햇빛에 과도하게 노출되었을 경우, 태양광선으로부터 점증적으로 해를 입을 수 있다고 합니다. 요즈음에는 나이와 상관없이 태양광선에 노출되거나 햇볕에 타는 것과 관련된 피부암이

태양광선
차단

분명 증가하고 있어요.

렌티아 박사에 따르면, 머리 윗부분은 태양광선에 특히 민감한 부분이고 일곱 살보다 어린아이인 경우에는 더욱더 그렇다고 해요. 그러므로 우리는 피부를 햇볕에 타게 만드는 자외선 B와 피부 밑에 있는 조직들에 해를 끼치는 자외선 A로부터 아이들을 보호해야만 해요. 가장자리가 넓은 모자는 머리와 목을 보호해주고 반사된 빛으로부터 눈 또한 보호해 주지요. 지구 환경과 관련해서 오존층이 줄어들고 있는 요즘 시대에는 모자가 갓난아기의 머리에 있는 민감한 숫구멍을 보호해주는 역할을 한다고 렌티아 박사는 언급하고 있어요. 즉, 환경의 변화로 기온이 오락가락 하는 상황으로부터 아기의 뇌척수액과 그 밑에 있는 뇌를 감싸주는 역할을 모자가 하는 거지요.

제3장
놀이, 건강하고 활기찬
어린 시절을 위해
꼭 필요한 것

언제 아이들은 놀이를 하기 시작할까? 아이들이 가지고 노는 첫 번째 장난감은 무엇일까? 나의 경우를 떠올려보면, 우리 아이들이 맨 처음으로 갖고 놀았던 것은 자기들의 손이었다. 아이들은 자기 손을 가만히 바라보거나, 눈앞에서 빙빙 돌려보거나, 입 속으로 집어넣어 보면서 논다. 나중에는 엄지발가락도 입에 넣어 보고, 손닿는 곳에 있는 깨끗한 기저귀조차 갖고 논다. 태어나서 몇 개월이 지나면 아이들은 딸랑이 같은 장난감을 쥐고서 흔들 수 있게 된다. 이렇듯 작은 어린 아기들에게는 실제로 매우 단순한 장난감들이 필요하다.

태어나서 두 살 반이 될 때까지

자기의 손과 발을 가지고 노는 것 말고 어린 아기들에게 가장 중요한 장난감은 아주 단순한 인형이라고 루돌프 슈타이너는 생각했다. 우리는 아기의 이미지를 떠올리면서 이런 인형을 만들 수 있다. 즉, 머리가 전체 몸길이의 4분의 1 정도 되고, 몸통과 머리의 크기 또한 실제 아기의 비율에 따라 만든 인형이 그것이다.

이런 인형은 어린 아기들에게 아늑한 친구가 될 것이다. 이것은 천연 직물을 사용해서 만든 부드러우면서 꼭 껴안고 싶은 인형이다. 슈타이너의 관점에 따르면, 이러한 인형은 인간의 이미지를 지닌 인형이라고 한다. 아이는 이 인형을 자신의 일부로 생각하며, 어떤 경우에는 이 인형에 자기 이름을 붙여줄 만큼 애착을 갖기도 한다. 아이가 좀더 자라면 우리

는 처음에 만들었던 인형과 비슷하지만 팔과 다리가 있는 인형을 만들어 줄 수 있다.[1]

혼자서 앉고, 서고, 걷는 것을 배우는 동안 아이에게 필요한 것은 인간 존재를 모방하는 일이다. 나는 아이가 혼자서 설 수 있게 될 무렵이 되면, 즉 직립 자세를 획득하게 되면, 그때 솜을 넣어 만든 동물 친구들을 주라고 부모들에게 권유하고 있다. 아이들이 사

랑하고 어루만지면서 놀 이런 장난감들을 줄 때, 우리 또한 이 동물 인형들이 동일한 형상과 동작을 지닌 실제로 살아 있는 동물들을 대신하고 있다는 사실을 염두에 두고 조심해서 다루어야 한다. 아이가 보여주는 깊고도 무조건적인 사랑은 어떤 동물이나 인형도 구원할 수 있을 정도로 강렬하다. 그러므로 부모나 선생님들인 우리는 아이 앞에

---

1. 만드는 법은 205쪽을 참조.

서 이 인형들을 단순히 동물을 희화화한 것으로 생각해서 함부로 다루지 않도록 조심해야 한다. 우리는 아이들이 진정으로 실재하는 것들에 자신의 사랑을 쏟을 수 있길 바란다. 또한 아이가 상상 속에서 자칫 진짜 이미지를 압도해버리는 희화화된 동물 이미지를 갖게 되길 원치 않기 때문이다.

어린 아이들을 위해 우리가 선택한 장난감들이 어떤 것인가는 대단히 중요한 문제이다. 아이들은 매일 자신들이 경험한 것들을 이 장난감들을 가지고 놀이를 하며 풀어내기 때문이다. 작은 아이들에게는 실제로 그렇게 많은 장난감이 필요하지 않다. 오히려 자기 앞에 너무 많은 장난감이 있으면 아이들은 그 어떤 것도 갖고 놀지 않을 수 있다. 걸음마하는 아이들을 위한 비교적 단순한 장난감들로는 나무로 만든 스푼들, 냄비들, 그릇들이 좋을 것이다. 부모가 가까이에서 일하고 있는 동안 아이들은 부엌에 있는 선반에서 이런 장난감들을 몇 번이고 꺼내어 놀이를 할 것이다. 걸음마하는 아이는 다른 방에서 혼자 놀기보다는 부모인 우리 곁에서 더 놀고 싶어 한다. 그러므로 우리가 집안일을 할 때 나름의 질서가 있으면서 그 일에 집중하는 태도가 중요한 것이다. 특히 어린 아이가 곁에 있는 경우에는 더욱더 그러하다. 아이는 우리가 일에 기울이는 노력이나 제스처, 일하는 태도에서 받는 전체 인상을 그대로 흡수하기 때문이다. 놀이를 하면서 아이는 우리의 일하는 습관을 그대로 모방할 것이다. 또한 이 모방이 나중에 구체화되어서 일에 대한 아이의 태도를 형성하는 데도 영향을 미칠 것이다.

아이가 주위에 있는 상황일 때 어쩌면 우리는 해야 할 일을 완벽하게 해낼 수 없을지도 모른다. 하지만 우리가 **무엇을** 해내는가 하는 것보다 ***어떻게*** 그 일을 하는가가 훨씬 더 중요하다. 아이가 주위에 있어서 오직 15분밖에 일에 집중할 수 없다면, 우리는 그 15분을 어떻게든 잘 보낼 수 있도록 해야 한다.

걸음마하는 아이는 맘대로 채웠다가 비울 수 있는 바구니를 갖고 놀기를 좋아한다. 모래밭에서 모래가 들어 있는 양동이를 끊임없이 채웠다가 비우며 갖고 노는 일 역시 좋아한다. 아이들은 이런 놀이에 도무지 싫증을 내는 법이 없으며, 매일 되풀이해서 이 놀이를 할 것이다. 이 놀이는 자기 몸을 가지고 활동하면서 힘을 키우고 형성하는 과정의 연장(延長) extension이라고 할 수 있다. 뭔가를 가득 채웠다가 비우는 일은 아이 몸의 성장과 신진대사라는 유기적인 과정, 그리고 아이 안에서 계속 진행 중인 강해졌다가 약해졌다 하는 과정과 관련이 있기 때문이다.

어린 아기들과 걸음마하는 아이들은 욕조 안에서 물을 튕기거나 사방에 물을 뿌리는 일을 대단히 재미있어 한다. 또한 아이용 의자 위에서 음식이나 스푼을 바닥에 떨어뜨리는 일도 아주 좋아해서, 그것들을 줍느라 어른이 피곤해질 때까지 계속해서 그 놀이를 하려 할 것이다. 또한 이 나이 또래의 아이들은 천으로 덮인 작은 공간 안으로 기어들어가는 일을 아주 재미있어 하는데, 그 안에 들어가 있으면 자기가 숨어 있다는 느낌을 받기 때문이다. 이 놀이는 세상에 대해 아이들이 어떤 방식으로 배워나가고 있는지를 보여준다.

아이들에게 중요한 것은 장난감이 어떻게 다루어지는가이다. 장난감을 몽땅 넣어두는 상자는 비록 빨리 치울 수 있다는 장점은 있을지라도 장난감을 조심스럽게 다루면서 치우게 하지는 못한다. 장난감을 다루는 일에 보다 주의 깊고 겸손한 경우라면, 인형의 "부모"인 아이는 밤에 "아기 인형"을 바구니로 된 침대나 작은 요람에 뉘어놓으면 더 행복해할 것이다. 또한 장난감을 정리할 때 매일 같은 장소에다 정리하게 되면, 아이들도 좀더 쉽게 정리하는 일을 돕게 될 것이다. 여러 칸으로 나뉜 선반들과 장난감을 종류대로 분류하고 구분해서 넣을 수 있는 바구니들이 미적으로 보기도 좋고, 다음날 놀이하기 좋게 방을 정리해 놓는 데도 좋다.

두 살에서 다섯 살 반이 될 때까지

이 시기에 아이들은 보다 초점이 맞추어진 놀이를 하게 된다. 세 살 즈음이 되면 최초의 상상fantasy(판타지) 놀이가 나타난다. 즉, "그렇게 믿는다고 생각하고" "그런 것처럼 행동하자"라는 놀라운 단계가 바로 그것이다. 이 단계는 아이 발달에서 중요한 시금석이 되는 시기이다. 이 나이의 아이들은 주위 환경을 자기 놀이를 위해 필요한 세상으로 바꿀 수 있는 능력을 갖기 때문이다. 아이들에게 현실과 판타지는 서로 뒤섞여 있기 때문에 그 둘을 딱 잘라 구분할 수가 없다. 식탁 밑에 자기들이 지은 집을 아이들은 진짜 집으로 여기는 것이다.

이런 일은 어떻게 이루어지는 걸까? 어린 아이들은 감각 인상을 통해 자기 주변에 있는 것들을 흡수한다. 여전히 힘차게 활동하고 있는 아이의 생명력으로 인해 이 감각적인 이미지들은 아이 안에서 계속 살아 움직이고 있으며, 아이는 이것을 충분하게 다시 경험하고 싶어 한다. 그리하여 아이는 다시 한 번 자신의 경험에 "참가하여" 이런 저런 놀이 속에서 혹은 자신이 목격한 전체 사건 안에서 어떤 역할을 맡아 놀이를 하는 것이다. 이때 마음속의 이미지가 너무나 생생히 살아 있기 때문에, 아이가 놀이를 할 때 "그곳에 있어야" 할 것으로는 오직 단순한 탁자와 인형만 있으면 된다. 어린 아이들에게 이것은 모두 진짜 실재하는 것이다.

만약 어른인 우리가 어떤 사람의 행동을 정확하게 모방하고 싶다면, 시간을 들여서 그 사람을 주의 깊게 관찰하고 원하는 결과를 얻기 위해서 이리저리 생각해 보아야 할 것이다. 하지만 아이는 본능에 가까운 직관으로 전체 그림을 하나의 장면으로 흡수하여 어른이 할 수 있는 것보다 훨씬 정확하게 모방하고 반응한다.

이 나이 또래의 아이들은 놀이를 할 때 자기들이 맘대로 변형시킬 수 있는 장난감들이 필요하다. 발도르프 유치원에서 선생님들은 이러한 장난감들, 가령 조개껍질이 담긴 바구니들, 솔방울들, 나무토막들, 실크나면으로 된 천들, 인형들을 준비해 놓는다. 놀이가 변화하면서 필요에 따라 무엇이든 될 수 있는 장난감들을 갖고 놀게 되면, 아이들은 주위 환경 안에서 그것들을 가지고 일하며 살아가는 것을 배울 것이다. 아이들은 실제로 가게 주인, 농부 등 살면서 필요한 다양한 직업을 가진 사람이 "될"
것이다. 우리는 아이들이 자기 또래의 아이가 되는 놀이를 별로 하고 싶
어 하지 않는다는 사실을 알아차릴 수 있다. 아이들은 자기보다 어린 아
기나 어쩌면 어른이 되어보는 놀이를 하고 싶어 하지, 보통은 자기 또래
의 아이 역할은 별로 안 하고 싶어 한다.

   12월 초순 즈음에 나를 찾아왔던 우리 반 아이의 어머니가 기억난다.
그 어머니는 크리스마스 선물로 자기 아들에게 무엇을 사줘야 할지 모르
겠다는 이야기를 했다. 아직 유치원생인 자기 아이에게 비디오 게임기나
플라스틱으로 만든 움직이는 모형 장난감
들을 사주고 싶지는 않지만 도대체
무엇을 선물해야 할지 모르겠다
는 것이다. 나는 몇 개의 바구
니를 사서 거기에다 비단으
로 된 천 조각들, 유리구슬
들, 나무로 된 빨래집게들,
면으로 된 옷감들을 넣어주
는 게 좋겠다고 제안했다. 거
기에다가 나무로 만든 놀이용
작업대 두 개를 더하면 좋겠다고
말했다. 그 어머니는, 아이 자신은 고작
천 조각들을 받았는데 이웃집 아이는

인형은 하나의 인간 모습이다.

컴퓨터 게임기 같은 것을 선물로 받았다는 사실을 알게 되었을 때 자기 아이가 어떻게 느낄지를 머릿속에 그려보면서 크게 웃었다. 하지만 이것들이 바로 그녀가 아이에게 사주고 싶었던 것들이었다. 나중에 그녀는 아이와 함께 정말 멋진 크리스마스를 보냈다고 알려왔다. 아들아이와 아이의 여동생은 이 선물들을 가지고 놀고 또 놀면서 너무나도 행복해했다고 말이다.

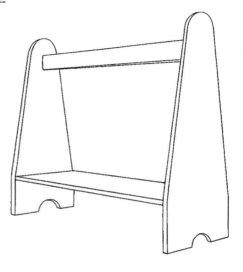

중요한 것은 이 나이의 아이들에게는 하루 중 아무런 간섭 없이 놀 수 있는 공간과 시간이 주어져야 한다는 사실이다. 이 시간은 아이들로 하여금 삶의 여러 가지 역할들을 충분히 놀이해보고 집중할 수 있는 힘을 계발시켜주는 시간이다. 아이들은 어른들이 몰두하는 태도로 일을 하면서 보여주었던 굳건함을 놀이를 통해 표현할 것이다. 이럴 때 어른들이 항상 아이와 함께 놀아줄 필요는 없는 것이다. 물론 때로는 함께 놀아주는 것이 좋은 경우도 있을 것이다. 어쨌든 아이의 놀이는 우리가 나날의 삶 속에서 일을 할 때 어떤 방식으로 다가가야 할지를 일깨워주는 역할을

한다. 심지어 우리가 아주 세속적인 집안일을 하고 있을 때일지라도 아이들은 본능적으로 우리를 관찰하고 있다는 사실을 기억해야 한다.

아이들에게 4대 기본 요소, 즉 땅, 물, 공기, 불을 경험하게 해준다면 좋을 것이다. 어른들의 보호 아래서 이것들을 경험하면서 놀게 되면, 아이들은 자연 세계와 연결되면서 이 지상 세계에 부드럽게 안착할 것이다. 또한 이 경험을 통해서 아이는 자신의 몸을 구성하는 원료를 가지고 전체 세상을 나름대로 창조해볼 수 있기 때문에 생명력이 강화될 것이다. 흙을 가지고 노는 놀이로는 진흙 파이 만들기, 모래밭이나 땅에서 놀기 등이 있다. 모든 아이들은 물을 가지고 노는 일을 너무나 좋아한다. 그릇 씻기, 달걀 휘젓는 기구를 가지고 물 속에서 거품 만들기, 하루가 끝날 즈음에 하는 목욕 시간에 욕조에 장난감 배들이나 부엌용 그릇들을 가지고 와서 놀기 등이 그것들이다. 공기를 경험하는 일로는 장난감 낙하산이나 비행기 날리기, 씨앗의 꼬투리나 민들레 홀씨를 불어 날리기, 바람이 불 때 비누방울 날리기 등이 있다. 불을 가지고 하는 모든 놀이에는 어른의 감독이 필요하다. 아이들에게 불을 경험하게 하는 몇 가지 예들로는, 한여름 밤에 친구들과 모여서 모닥불피우기, 겨울에 난로가나 장작 화로 곁에서 따뜻함을 즐기기, 혹은 저녁 식사 시간에 촛불을 켜는 일 등이 있다.

한번은 며칠 동안 비가 내린 후에 우리 반 아이들을 데리고 밖으로 산책을 나간 적이 있었다. 운동장은 물에 흠뻑 젖어 있었으며, 사람들이 걸어다니는 길에는 지렁이들이 많이 보였다. 아이들은 이 지렁이들이 사람들의 발에 밟혀죽거나 물에 빠
져죽지 않도록 안전하게
구해주고 싶어 했다. 그
리하여 아이들은 지렁
이들을 하나씩 길가
에서 데려다가 나무
아래에 있는 안전한
장소에다 옮겨놓는
일을 시작했고,
그 날 밖에서
보낸 시간 내내
그 일에 몰두했
다. 이런 종류의 창의적인 활동은 아이들 내면을 성장시키는 생생한 힘을
불러일으키며, 이 힘은 자신을 둘러싼 주변 환경으로 다시 확대되어 나갈
것이다. 어쩌면 이런 종류의 일은 삶 자체를 연습하는 일이라고 생각할
수 있을 것이다. 다시 말해, 이 일을 통해 아이가 얻은 힘은 아이의 전체
인생에 좋은 영향을 줄 수 있을 것이다.

창조적인 놀이는 성장과 발달에 영향을 미친다. 즉, 내일은 오늘과 똑
같은 날이 아닌 것이다. 내일은 새로운 날이 될 것이고 아이들의 놀이 또
한 다른 방향으로 움직여나갈 것이다. 바로 이런 이유 때문에 우리 선생
님들은 교실 안에서 아이들이 놀면서 만든 집이나 기차나 마을들을 놀이

가 끝난 후에는 그대로 남겨두지 말도록 부드럽게 아이들을 설득하는 것이다.

또한 우리가 꼭 기억해야 할 것은 어질러진 것들을 재미있게 치울 수 있도록 아이들에게 충분한 시간을 줘야 한다는 사실이다. 어떤 아이도 어떤 어른도 단조롭고 고되게 일하고 싶어 하지는 않는다. 우리 유치원에서는 "청소하는 널빤지"를 마련하는 아이디어를 활용하고 있다. 몇몇 아이들이 장난감들을 이 널빤지에 갖다 놓으면 "운반하는 사람들" 역할을 하는 아이들이 그것들을 알맞은 장소에 살며시 갖다 놓는 일을 하는 식이다.

보통 어린 아이들에게 "가서 네 방을 청소해라."라고 말하는 것은 그다지 효과가 없다. 이런 말은 아이들에게 지나치게 압박감을 주기 때문이다. 하지만 "자, 이리 와서 오늘 가지고 놀았던 장난감들을 치우자꾸나, 너도 바구니를 가져와서 도울 수 있을 거야."라고 말할 수 있을 것이다. 처음에는 아이들이 치우는 일을 안 하고 싶어 할지라도, 만일 아주 작은 일이라도 아이들이 한다면 당신이 행복해 하는 모습을 보여주는 게 좋다. 그러면 다음번에도 아이들은 이런 경험을 계속해서 쌓아나갈 수 있을 것이다.

다섯 살에서 일곱 살까지

이 나이에는 놀이하는 시간이 훨씬 더 조화로워진다. 이 시기가 되면 아이들은 보통 장난감을 나누어갖고 노는 법을 배운다. 다섯 살 정도가 되면 아이들의 창조적인 놀이가 최고조에 달하게 되고 좀더 긴 시간 동안을 집중해서 놀 수 있게 된다. 부모나 선생님에게는 참으로 고마운 시기가 아닐 수 없다. 다섯 살짜리 아이의 놀이는 또한 좀더 복잡해진다. 이 시기의 아이들은 최종적인 결과물보다는 만들어내는 과정이나 놀이가 발전하는 과정에 더 몰두한다. 예를 들어, 아이들은 "신랑과 신부" 놀이를 위해 무대를 꾸미는 일에 상당히 많은 시간을 보낸다. 어떤 그룹의 아이들은 결혼식에 목사가 사용할 책을 만드는 데 너무나 열중하는 바람에 실제로 결혼식 자체는 전혀 이루어지지 않는 경우도 있다. 그렇지만 놀이 시간이 끝났을 때 아이들은 이 과정 자체에 만족감을 느낄 것이다. "의사 선생님의 진료실" 놀이도 이와 비슷하다. 이 나이의 아이들은 의사들이 진료실에서 사용할 만한 것들을 찾으러 돌아다닐 것이다. 그리고 환자 대기실을 공들여서 꾸미고, 뼈를 고정시키는 부목, 깁스할 수 있는 것들, 목발 같은 장비들을 정성들여 준비한다. 그런 다음 아이들은 실제로 "환자들"을 진찰하러 돌아다닐 수도 있지만, 그렇지 않을 수도 있다.

만일 인형놀이를 한다면 이제 아이들은 자신들의 인형극 쇼를 관람해 줄 사람들을 원한다. 그냥 혼자 인형을 가지고 노는 일에는 더 이상 만족하지 못하기 때문이다. 작은 인형극 쇼를 준비할 때 흔히 아이들은 무대를 꾸미기도 전에 관객들을 위한 의자들을 먼저 가져다 놓기도 한다.

　이 나이가 되면 아이들은 좀더 생각이 덧붙여진 놀이를 하게 된다. 다섯 살에서 여섯 살 나이의 아이들이 그림을 그릴 때면 생각하는 과정들이 새롭게 이 활동에 덧붙여지게 될 것이다. 그림을 그리기 전에 다섯 살짜리 아이는 자신이 무엇을 그릴지를 생각하게 되는 것이다. 이와 달리 세 살짜리 아이는 여러 가지 색들을 경험하면서 느끼는 순수한 즐거움 때문에 그림 그리기에 몰두한다.

　이 나이의 아이들은 옷을 입히고 벗길 수 있는 좀더 구체화된 인형을 원할 것이다. 털실로 뜨개질된 것이거나 천으로 된 몸, 팔, 다리, 심지어는 약간의 바느질로 눈이 표시된 인형들이 이 시기에 좋다. 빗으로 솔질할 수 있고, 땋거나 묶을 수 있는 긴 머리를 가진 인형은 특히 어린 여자 아이들을 아주 즐겁게 해준다.

어느 날 선생님은 여섯 살짜리 아이로부터 "심심해요"라는 말을 들을 수 있다. 보통 이 말이 의미하는 바는, 아이가 "여섯 살의 변화"라고 부르는 과정의 중간, 다른 식으로는 "어린 사춘기"라고 알려진 과정의 중간에 있다는 사실을 뜻한다. 이 시기에 아이들 내부에서는 아주 큰 변화가 이루어지고 있는 중이다. 이전에는 아이 주위에 있던 장난감들이 아이들로 하여금 놀이를 하도록 자극했지만, 이제는 아이 내면에 존재하는 세계가 아이로 하여금 창조적인 놀이를 하도록 영감을 불어넣어주기 때문이다. 그리하여 아이는 이제 자신이 필요한 장난감들을 선택해서 갖고 놀 수 있게 된다. 여섯 살짜리 아이는 놀이 시간이 시작되면 종종 친구들과 함께 앉아서 그날 무엇을 하고 놀지에 대해 이야기를 나눌 것이다. 그런 다음에 자기들 놀이에서 필요에 따라 변형될 수 있는 장난감들을 찾아서 이곳저곳을 둘러보러 다닐 것이다.

"심심해요"라는 말이 진짜로 의미하는 바는, 아이가 이 새로운 내적 능력을 어떻게 사용해야 할지를 아직은 잘 이해하지 못했음을 뜻한다. 아이는 자신의 새로운 감정과 인식을 가지고 무엇을 해야 할지를 아직 잘 모르는 것이다. 조금 큰 아이들이 유치원 교실에서 이런 변화를 겪고 있는 게 보이면, 우리 선생님들은 어른들이 하는 일에 이 아이들을 포함시킨다. 가령 과일 껍질을 벗기는 일, 나무 장난감들을 매끄럽게 사포질하는 일, 바느질해서 인형 만들기 같은 일들을 함께 하는 것이다. 이런 일들은 분명한 의도를 지닌 일들에 아이들이 참여하게 해서 어른의 개성을 경험할 수 있게 해준다. 그 결과로 아이 내면에서 상상력이 풍부한 영상들이 점차적으로 자라기 시작할 것이다. 그러면 어느 날 아이는 새로운 아이디어를 가지고 달려 나가서 다시 놀이를 할 수 있을 것이다. 중요한 것은 이 과정이 여러 날, 여러 주, 여러 달이 걸릴지라도 아이들이 이 과정을 충분히 경험하게끔 해주는 것이다.

이 나이의 아이들은 이전보다 좀더 손재주가 있어지고 민첩해진다. 그러므로 이 나이의 아이들을 위한 장난감을 선택할 때는 좀더 신경을 써야한다. 이 시기의 아이들을 자라게 만드는 힘은 팔다리에 집중된다. 즉, 이 시기에 아이들은 전보다 좌절감을 덜 느끼면서 좀더 성공적으로 손가락을 사용해서 털실로 간단한 줄 같은 것들을 만들 수 있다.[2] 발도르프 유치원 교실에서는 다섯 살에서 일곱 살 나이 아이들이 손재주뿐만 아니라 상상력도 발달시킬 수 있는 단순한 장난감들과 수공예 작품들을 많이 볼 수 있다. 여기에는 건전지로 작동되는 장난감들이나 지나치게 복잡하고 기계적인 장치가 달린 장난감들은 포함되지 않는다.

이 단계에서 남자 아이들은 좀더 기계적인 장난감들을 찾는 경향이 있다. 그럼에도 우리는 어린 아이들이 있는 교실에 기계적인 원리로 작동되는 장난감을 놓아두지는 않는다. 하지만 아이들은 우리가 마련해놓은 단순한 것들을 이용해서 기술적인 장난감을 만들어낼 수 있다. 한번은 우리 반에서 남자 아이들이 기차를 만들고 싶어 했다. 아이들은 기관사가

2. 본문 221쪽 참고.

앉을 자리로 흔들의자를 이용했으며, 흔들의자 주위에 모인 다른 아이들은 이 의자 밑에 기차를 움직이게 할 연료로 작고 검은 조약돌을 던져 넣었다. 이와 비슷한 방식으로 다섯 살짜리 남자 아이 하나는 교실 안에서 숙녀용 레이스 스카프를 찾아내어 자기 허리에 묶고는 도구들을 넣어두는 앞치마로 만들었다. 이 앞치마 속에다 이런저런 장난감 도구들을 채운 아이는 수리공이 되어서 다른 아이들에게 그날 수리할 게 있는지를 물어보러 다녔다.

이와 같은 맥락에서 다섯 살에서 일곱 살 나이의 아이들은 보다 철학적인 질문들을 묻기 시작할 것이다. 이런 상황에 마주치면 어른들은 아이들이 좀더 과학적인 해답을 구하고 있을 거라고 생각할 수 있다. 하지만 기

술적이고 과학적인 사실에 기초한 대답들은 아이들에게 지나치게 많은 정보를 제공함으로써 자칫 아이들을 압도해버릴 수 있다. 그리고 너무 이른 나이에 지적인 접근을 하는 것은 아이들의 정서 발달에 방해가 될 수 있다. 복잡하고 까다로운 기술적인 문제나 철학적인 연관 관계들을 이해하기 위해서 인간은 우선 그것들을 마음속에서 상상해 볼 수 있어야 한다. 머릿속에 그림을 그릴 수 있게 만드는 이 힘은 어린 시절에 우리의 몸을 형성시키는 힘과 동일한 그 생명력이다. 그러므로 너무 이른 나이에 아이들에게 지적인 요구를 하게 되면 이 생명력을 방해하는 셈이 되므로, 어쩌면 아이의 건강에도 좋지 않은 영향을 미칠 수 있다.

창조적이고 상상력이 풍부한 놀이가 삶과 건강한 관계를 맺도록 해주는 것과 똑같이, 아이들이 건강하다면 그만큼 창조적으로 놀이를 한다는 것 역시 사실이다. 이런 점에서 본다면, 오늘날 아이들의 놀이를 가장 크게 방해하는 것은 텔레비전이라고 말하고 싶다. 텔레비전을 보는 일은 수동적인 활동이다. 다시 말해, 아이들이 이 경험을 하기 위해서 자신으로부터 그 어떤 것도 이끌어낼 필요가 없는 활동인 것이다. 매일 운동을 하지 않으면 사용하지 않는 근육이 위축되는 것처럼, 텔레비전을 보는 일은 아이의 상상력을 위축시킨다. 아이들은 텔레비전의 영상을 아주 깊이 흡수하고 있지만, 이 영상들이 자신의 생활, 즉 아이들이 살고 있는 현실의 중요한 부분은 결코 아니다. 내가 관찰한 바에 의하면, 아이들은 텔레비전 영상들로부터 자기들 놀이를 위한 상황을 창조적으로 만들어낼 수가 없으며, 단지 스크린에서 본 것을 그대로 재상연할 뿐이다.

부모들은 자기 아이들이 텔레비전을 보거나 비디오 게임을 한 다음에는 때때로 "전선이 연결된 것"처럼 행동한다고 이야기하고 있다. 나에게 이런 현상은 마치 댐 때문에 강이 흐르지 못하고 멈춰 있는 것처럼, 아이들의 의지 에너지가 자연스럽게 흐르지 못하고 억제돼 있는 상태처럼 보인다. 결국 그 "댐"은 갑자기 터질 것이고, 아이들의 에너지 역시 폭발할 것이다.

내가 오랫동안 목격한 바에 의하면, 일주일에 한 시간 반 이상 텔레비전을 보거나 비디오를 본 아이들은 유치원에 와서도 텔레비전에서 나온 캐릭터들을 연기하며 놀았다. 이렇듯 텔레비전으로 인해 아이들의 상상력이 위축되기 때문에, 실제 삶을 모방하면서 떠오르는 보다 창조적인 놀이 또한 방해를 받게 된다. 그래서 나는 이 문제를 심사숙고해 달라고 모든 부모들에게 부탁하고 싶다.

놀이의 창조자들인 아이들

조셉 칠톤 펄스Joseph Chilton Pearce는 자신의 책에서 이렇게 말하고 있다. "…… 모든 아이들이 하고 싶어 하는 일은 배우는 일이다. 아이들은 자신들의 가장 멋진 배움의 도구인 놀이를 통해서 이 일을 하고자 한다."[3] 부

---

3. Joseph Chilton Pearce, 《아이의 놀이Child's Play》, Newsletter of the Suncoast Waldorf Association, 1993년 가을호.

모이자 선생님인 우리는 아이들이 자신의 속도대로 발달할 수 있도록 해
줘야 한다. 즉, 다방면에서 아이에게 학문적인 정보를 주입시키려 함으로
써 아이의 발달을 방해하지 말아야 한다는 뜻이다. 오늘날 아이들이 가지
고 놀 것들은 점점 더 많아지지만 이 장난감들을 가지고 아이들이 할 수
있는 것들은 점점 더 적어지고 있는 실정이다. 만약 부모들이 아이들에게
필요한 것들이 무엇인지를 잘 이해하고서, 집에다 알맞은 놀이 공간과 장
난감들을 제공해주는 지원을 해준다면, 어린 시절 동안 아이들은 잘 놀
수 있을 것이다.

발도르프 유치원과 학교에서 아이들은 놀이의 창조자이다. 아이들은
둥그렇게 함께 모이는 시간이나 이야기를 들려주는 시간 동안에 만들어

진 이미지들과 자신들의 삶의 경험에서 얻은 이미지들을 가지고 놀이를 한다. 만일 자기 주위에 풍부한 이미지들이 있다면, 아이들은 만족스럽고도 적절한 놀이를 창조해 낼 수 있을 것이다.

나는 발도르프 유아원, 유치원, 학교 교실의 환경이 어떠한지를 좀더 자세히 설명하고 싶다. 보통은 교실의 중앙에 자연 테이블이 있는데, 이것은 계절의 변화를 반영하고 있어서 주위를 둘러싼 자연 세계에서 일어나는 일들과 아이들이 연결되도록 해준다. 교실의 벽들은 부드러운 색, 보통은 밝은 복숭아 색으로 칠해져 있다. 창문에는 바깥에서 오는 빛이 부드럽게 퍼지도록 하기 위해 투명한 천이 걸려 있을 것이다. 벽에 걸려 있는 포스터나 그림들은 작은 크기로 되어 있어서, 아이들이 크게 방해받지 않고 자기들 놀이에 집중할 수 있게 해준다.

발도르프 유치원에 있는 장난감들은 다른 유치원에서 흔히 볼 수 있는 것들과는 많이 다르다. 좀 전에도 설명했듯이, 발도르프 유치원 교실에는 조개껍질, 솔방울, 천들이 들어 있는 바구니들, 나무토막들이 있는 곳, 천연직물로 만든 단순한 인형들과 간단한 인형극에 쓰일 줄이 달린 인형들이 있는 곳이 있다. 읽고 쓰기 위한 책상 대신에 인형 가족이 살고 있는 가정생활을 위한 공간을 볼 수 있는데, 거기에는 테이블과 의자, 몇 가지 그릇들과 주방용품들, 스토브, 인형이 앉아 있는 높은 의자 등이 있다. 인형들은 아이들이 집에서 경험한 생활을 모방하면서 놀도록 자극하기 때문이다.

이 인형들은 천으로 만들어졌으며, 구체적인 부분이 최소한도로만 표현된 아주 단순한 것들이다. 아이는 자신의 상상력으로 구체적인 부분들을 마음속에서 완전하게 만들 수 있으며, 이 이미지는 필요에 따라 얼마든지 변화할 수 있다. 가령, 그날 인형 "아기"는 행복할 수도 있고, 슬플 수도, 아플 수도, 건강할 수도 있는 것이다. 나뭇가지에서 자른 모양이 다양한 나무토막들, 몇 개의 나무 그루터기, 나무로 조각된 동물들과 사람들이 담겨 있는 바구니들이 있는 나무토막 쌓기 공간은 마을이나 기차나 농장을 위한 무대가 된다. 옷들이 담겨 있는 바구니, 면으로 된 망토들, 펠트로 된 왕관들은 연극적인 놀이에 필요한 소품들을 제공해준다. 또한 줄이 연결된 단순한 인형들이 있는 인형 탁자, 무대 장치를 위한 실크 천들, 조개껍질과 돌멩이들이 들어 있는 바구니는 아이들이 서로를 위해 스스로 인형극을 만들게끔 장려한다. 아이들이 만드는 이 인형극들은 선생님들이 교과과정의 일부로 아이들에게 보여주거나 들려준 인형극들 혹은 이야기들을 모방한 것들이다.

새로이 부모가 된 이들은 아이들이 이런 것들을 갖고 노는 법을 과연 알고 있는지를 흔히 궁금해 한다. 그러나 아이들에게 이것들은 여전히 마법을 지니고 있는 장난감들이다. 아이들은 이 마법을 찾아내어 자기들 놀이 속으로 가져오기 위해 나름대로 연구를 해야 한다. 이렇듯 아이들의 놀이 시간은 매일 매일이 변화와 변신이 일어나는 마법의 시간이라고 볼 수 있다. 예를 들어, 나무토막들이 있는 장소가 지금은 마을로 변신했지만 나중에는 똑같은 나무토막들이 전화 놀이를 위해서도 사용될 수 있다. 마찬가지로 조개껍질들이 가게 놀이하는 주인을 위해 돈으로 사용되다가 나중에는 식당 놀이를 하는 아이들을 위해 음식으로도 사용될 수 있는 것이다.

놀이 시간 동안에 뭔가 문제가 발생하면, 아이들은 그것을 풀기 위해 애를 쓰게 된다. 예를 들어, 나무로 된 놀이용 받침대와 면으로 된 천들과 빨래집게로 집을 만들어 놓았는데 지붕이 무너졌다고 가정해보자. 그러면 아이들은 어떻게 그것을 고칠 것인가에 대해 서로 다른 관점들을 표현할 것이다. 어떤 아이들은 원래 그 집이 안에 들어가 놀고 싶어 하는 모든 아이들에게 너무 작았으니까 더 크게 만들어야 한다고 주장한다. 그러면 이 아이들은 원래 크기대로 집을 남겨두고 싶은 아이들과 의견을 조정해야만 한다.

이러한 상호작용의 경험들을 통해 아이들은 나중의 삶에서 필요한 능력들을 발달시켜나갈 것이다. 아이들은 이 창조적인 놀이를 통해서 많은 기회들을 얻게 된 까닭에, 아주 다양한 관점에서 문제 해결에 접근할 수 있을지도 모른다.

이러한 환경이 아이들을 위해 풍요롭고 건강한 특성들을 지닌 환경이라는 것은 의심할 여지가 없다. 이와 마찬가지로 부모들도 자기 가정에 이러한 특성들을 마련해놓을 수 있을 것이다. 그러면 건강하고, 행복하고, 가능성 있는 어른으로 자라는 데 필요한 훌륭한 자원을 아이들에게 제공하는 셈이 된다.

부모들의 질문들

부모: 활동적인 남자 아이의 경우는 어떤가요? 우리 아들은 인형이나 인형 놀이에는 전혀 흥미가 없어요.

바바라: 비록 인형을 가지고 노는 일에 아이가 흥미가 없다 할지라도 잠자리에서 아이가 "꼬마 왕자"를 친구로 삼는 일은 여전히 중요하답니다. 낮 동안에는 당신과 아이가 하는 일에 인형이 끼어들 여지가 없을지도 모릅니다. 하지만 잠자기 전에 당신이 아이에게 이야기를 읽어줄 때 이 "꼬마 왕자"가 당신들과 함께할 수 있어요. 그러면 아이의 놀이 속에 언제 인형을 등장시켜

야 할지를 알아낼 수 있게 되고, 당신의 어린 아들의 삶 속에 인형을 포함시킬 수 있는 방법을 찾아낼 수도 있을 겁니다.

부모: 움직이거나 굴릴 수 있는 것들을 원하는 두 살짜리 남자 아이의 경우는 어떤가요?

바바라: 예전에도 설명했듯이 활동적인 아이는 물건들로 채웠다가 쏟아버릴 수 있는 바구니들, 천들과 빨래집게로 집 만들기나 탑 만들기를 할 수 있는 장난감들을 가지고 충분히 활동적으로 놀 수 있어요. 활발한 아이는 같은 장난감들을 가지고서도 좀더 적극적인 방식으로 놀이를 할 겁니다. 그러므로 제 생각에는 이 아이들을 위해 딱히 장난감들을 바꿔줘야 할 필요는 없지만, 가능하면 밖에서 하는 놀이를 많이 포함시키는 것이 좋을 것입니다. 밖에서 하는 활동은 활발한 아이들에게 특히 더 필요하다고 봅니다.

부모: 예전에 저는 자기 본성을 뛰어넘을 수 있게끔 아이들을 기를 수 있으리라고 믿었어요. 하지만 이 믿음은 제가 아들을 낳기 전까지만 가능했어요. 공원에서 남자 아이들은 막대기를 총이라고 여기며 놀이할 수 있는 능력이 있더군요. 우리 집에는 총 같은 것은 없는데도, 사내아이들은 뭔가를 총으로 쏘고 싶어 하는 것처럼 보여요! 만약 우리 아이가 총 쏘는 놀이를 할 때마

다 못하게 한다면, 저는 하루 종일 아이에게 신경을 써야만 할 거예요.

바바라: 집에 있는 장난감들이야말로 아이에게 가장 강력하고 분명한 메시지를 전해주는 것들입니다. 집 안에 장난감 총이 없다면 아이에게 전달하고자 하는 메시지가 분명하다고 생각해요. 만일 사내아이들이 막대기를 가지고 다른 사람을 다치게 한다면 그 막대기를 땅에다 버리게 해야 해요. 하지만 무조건 못하게 하기보다는 좀더 긍정적인 접근을 할 수도 있습니다. 가령, 아이들더러 막대기들을 모아서 모닥불을 피우자고 하거나 놀이에 필요한 뭔가를 세우자고 제안할 수 있어요. 그리고 그 막대기들을 가지고 무엇을 할 수 있는지를 아이들에게 보여주는 거지요.

부모: 저는 예전에 너무 많은 플라스틱 장난감과 건전지로 움직이는 장난감들을 우리 아이에게 제공했던 것을 취소하기 위해 애쓰고 있는 중이랍니다. 이 장난감들을 없애는 일이 너무 늦은 걸까요?

바바라: 이런 일은 점차적으로 해야 해요. 그리고 단순한 장난감들이 놀이 속에서 어떻게 쓰일 수 있는지를 어쩌면 당신이 아이들에게 직접 보여줘야 할지도 모릅니다.

부모: 친척들이 아이에게 사준 장난감들에 대해서는 어떻게 해야 할 까요? 많은 친척들이 아무런 규칙도 없이 그냥 돈으로 살 수 있는 것들을 아이들에게 주고 싶어 해요. 그것들 중 대다수가 플라스틱 장난감인데 그 양이 정말 어마어마해요.

바바라: 아이에게 알맞은 것들을 사주십사 하고 친척들에게 제안하기 위해서 명절이 되기 전에 필요한 것들의 목록을 작성해보는 게 어떨까요? 혹은 친척들이 사준 장난감들을 분류해서 싸놓았다 가, 그 중 어떤 것들을 비 오는 날 밖에서 아이들이 가지고 놀게 꺼내주는 방법도 있고요.

부모: 아이들이 텔레비전을 얼마만큼 보게 할 수 있을까요? 어떤 한계나 정도가 있나요?

바바라: 만일 그게 독이라면 얼마만큼의 독이 가장 좋을까요? 물론, 전혀 좋을 리가 없겠지요. 하지만 완전한 금지는 이 사회에 역행하는 것일 수 있고 비현실적일 수도 있어요. 그러므로 부모가 텔레비전의 내용을 모니터링하고 분명한 한계를 정해주는 것이 어쩌면 보다 효과적인 선택일 수 있습니다. 어느 정도로 보게 할 것인가는 아이들마다 다양하게 다를 수 있어요. 아이들이 놀이하는 모습을 잘 관찰하고 그들의 대화에 귀를 기울여보세요. 텔레비전 놀이가 지나치게 많다 싶으면 텔레비전 보는

시간을 좀더 줄일 필요가 있다는 신호이지요. 집에서 아이들과 함께 이 지침을 꾸준히 지켜나갈 수 있다면, 우리는 아이들에게 정말로 커다란 선물을 주는 셈입니다.

부모: 발도르프 유치원 교실에서 볼 수 있는 매끄러운 통나무토막들 말인데요. 그런 것들을 어디서 찾아내셨어요?

바바라: 그냥 숲에 가서 굵은 나뭇가지나 나무 그루터기를 찾아내서 가져온 거예요. 그런 다음에는 작게 자른 통나무 조각들을 아이들과 함께 샌드페이퍼로 매끈하게 다듬는 멋진 작업이 기다리고 있지요. 장난감을 만드는 일에 아이들도 함께 참여하여 돕게 하면 아이들은 이 장난감들에 훨씬 더 많은 흥미를 보인답니다.

부모: 교실에 있는 인형은요? 그것들을 어떻게 만드나요?

바바라: 서 있는 인형은 동그란 머리 부분이 있고, 몸통은 펠트로 만든 직사각형을 등 뒤에서 바느질해서 양모로 속을 채운 단순한 인형이랍니다. 여기에다가 머리카락용 양털과 간단한 망토나 앞치마만 있으면 이야기에 나오는 인형들을 충분히 만들 수 있어요.[4]

부모: 우리 아이들은 오후에 방과후 교실과 스포츠팀에 참여하고 있어요. 이런 시간들도 역시 놀이 시간에 포함되나요?

바바라: 때로 부모들은 아이들의 오후를 스포츠, 발레, 음악 레슨 같은 활동들로 채우고 있습니다. 그런데 아이의 "자유로운 놀이"의 경험들에 대해 제가 이야기한 바를 떠올려보는 게 중요한 것 같아요. 제 생각에 부모들은 아이들이 조직화되지 않은 자유 놀이 시간을 갖도록 해줄 필요가 있다고 봅니다.

부모: 어린 아이들이 있는 경우에 책 문제는 어떻게 해야 하는지 이야기해주시겠어요?

바바라: 책에 관해서 이야기할 것은 참으로 많아요.[5] 기본적으로 아이들은 책을 읽어주거나 이야기를 들려주는 걸 정말로 좋아해요. 그림이 들어 있는 책들과 그림이 없는 책 몇 권이 있는 게 좋습니다. 아이들은 스스로 어떤 장면을 마음속에 그려보는 기회, 그러니까 자신의 마음속에서 상상하는 것을 좋아해요. 하지만 잠자기 전에 연속적으로 너무 많은 책을 읽어주지 않는 게 필요합니다. 아이들 머릿속에 지나치게 많은 이미지들이 들어차

---

4. 인형 만드는 법은 205쪽 참조.
5. 부록에 나오는 추천할 만한 그 밖의 읽을거리들에 관한 부분을 참조.

개 되기 때문입니다. 이런 상태로 잠자리에 들게 되면 아이들이 일종의 정신적인 소화불량을 겪을 수 있어요. 그리고 이야기책을 그냥 읽어주는 것보다는 이야기를 들려주는 방식이 훨씬 보람이 있고 유익해요. 즉, 어린 시절에 당신 자신이 겪었던 모험이야기나 당신이 오랜 세월동안 기억하고 있는 동화들을 가지고 이야기를 들려주는 겁니다.

부모: 집에서 부모들이 하는 일에 대해 당신이 논의할 때, 컴퓨터로 하는 작업까지 포함한 것은 아니었지요?

바바라: 맞아요. 컴퓨터로 하는 일은 포함하지 않았어요. 저는 가사 일에 관해서 이야기 한 거예요. 하지만 집에서 글을 쓰는 일이나 컴퓨터로 작업을 할 때도 가사 일을 할 때와 마찬가지로 집중해서 해야 한다고 봅니다. 아이들은 어른들의 이 집중하는 태도를 흡수해서 놀이를 하면서 그대로 따라하기 때문이지요. 이런 식으로 우리의 태도가 아이들에게 영향을 미친답니다. 아이들은 여러분들의 제스처와 태도들을 자기 속으로 빨아들이는 존재들입니다. 사실 아이들이 우리에게서 흡수하는 것이 얼마나 많은지를 알게 되면, 신비롭기 그지없고 때로는 두렵기까지 하답니다.

부모: 아이들 때문에 제가 할 수 있는 가사 일에는 한계가 있어요. 아

이들은 제가 오랫동안 일하는 것을 원하지 않기 때문에 중도에 그만둬야 할 때가 많거든요.

바바라: 이럴 때는 가사 일 중의 한 부분에 아이들을 참여시킨다면 도움이 될 것입니다. 예를 들어, 걸음마하는 아이가 있다면 물이 약간 들어 있는 금속제 사발과 스펀지를 아이에게 줘보세요. 여러분이 부엌에서 스토브나 냄비뚜껑을 닦고 있을 동안 아이도 곁에서 역시 스펀지로 사발을 닦을 거예요. 여러분이 부엌 바닥을 쓸고 있는 경우라면, 아이가 손에 쥘 수 있는 작은 솔과 쓰레받기를 사용하도록 하는 거죠. 어쩌면 아이는 여러분이 쓸어 모아놓은 작은 쓰레기더미를 실제로 치울 수 있을지도 몰라요. 걸음마하는 아이들의 경우 보통은 긴 시간 동안 다른 방에서 혼자 즐겁게 놀 수가 없어요. 그러므로 일하는 동안 아이를 참여시킬 수 있는 방법들을 찾아내기 위해서 여러분 자신이 창조적일 필요가 있는 거지요.

부모: 부모와 아이 사이의 상호작용은 어떤가요? 당신이 이야기하는 바는 아이들과 함께 놀지 말라는 건가요?

바바라: 저는 아이들과 함께 놀지 말라는 이야기를 하는 게 아닙니다. 그보다는 어른들이 가능하면 아이들의 놀이에 덜 끼어들어야 한다는 이야기를 하고 있는 거지요. 왜냐하면 어른이 아이들의

놀이 속으로 가져오는 것은 무엇이건 간에 지적인 어른의 사고
로부터 나온 것이지 아이들의 창조적인 상상력에서 나온 것은
아니기 때문입니다. 그냥 곁에 앉아서 아이들이 놀이를 하는
동안 뭔가 수선하는 일을 하기만 해도, 아이들은 흔히 여러분
들이 자기들과 함께 있고, 자기들의 일에 참여하고 있다는 느
낌을 충분히 받을 수 있어요.

제4장

아이의
12가지 감각
발달시키기

잠시 동안 눈을 감고 아이들 중 한 명이 태어나던 순간을 떠올려 보자. 아기가 태어났을 때 아마도 맨 처음 들은 소리는 아기의 울음 소리였을 것이다. 그런 후 아기를 보고는 본능적으로 손을 뻗어 아기를 만지고 안았을 것이다. 그러면서 아기에게 이 지상에 온 것을 축하한다고 부드럽게 속삭였을 것이다. 이런 방식으로 우리는 갓 태어나는 처음 순간부터 아기의 감각을 자극했던 것이다.

갓 태어난 아기는 세 개의 문을 통과해서 이 세상으로 들어온다. 즉, 숨

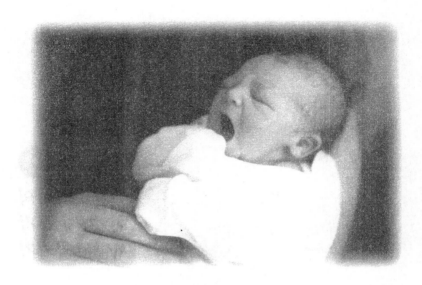

보호받는
아기

쉬기, 영양 공급 작용, 감각 인상들이 이 세 개의 문
들이다. 우리 어른들은 나름대로 불쾌한 감각 인상들
을 피할 수 있는 능력이 있다. 어른의 생각하고 판단
할 수 있는 힘이 내적인 방벽을 쌓도록 도와주어서
지나치게 소란하고, 불쾌하고, 해로운 인상들을 막아
주기 때문이다. 그런데 어린 아이들은 자기 스스로
이러한 보호 장벽을 쌓을 수가 없다. 아이들은 이 세
상이 완전하다고 믿으며 크게 열려 있는 상태로 모든
감각을 흡수한다.

태어나서부터 일곱 살이 될 때까지 아이가 지닌 힘은 자기 몸을 형성시키는데 집중된다. 일곱 살 즈음이 되면 이 형성하는 힘들은 아이 몸의 모든 세포를 변화시킨다. 슈타이너와 발도르프 교육의 관점에서 보면, 아이가 흡수한 감각 인상들이 이 힘들에 아주 강력한 영향을 미칠 수 있다. 그리하여 나중에 아이가 커서 건강하고 튼튼한 몸을 갖게 되는가 아니면 허약하고 만성적인 질병을 갖게 되는가의 차이가 생길 수 있는 것이다. 이 장에서 우리는 루돌프 슈타이너가 그 특성을 잘 묘사한 인간의 감각들을 살펴보고, 발도르프 유아원과 유치원 선생님들이 왜 아이들의 감각을 보호하고 그것이 잘 발달할 수 있도록 애쓰는지를 탐구할 것이다.

　슈타이너는 12가지 감각을 이야기하였다. 슈타이너가 인간의 감각 능력들을 관찰하고 그것을 가장 잘 묘사할 수 있는 방법을 결정하던 시기에는, 인간에게 가능한 감각의 수가 *다섯*이라는 사실을 어느 누구도 생각하지 못하던 시기였다. 그가 살던 시대에는 인간의 감각이 몇 개인지가 논의하는 사람에 따라 서로 달라졌다. 그 중에서 가장 흔하게 논의되던 숫자는 다섯, 여섯, 일곱, 열, 열한 개라는 수였다. 슈타이너는 처음에 열 가지 육체적 감각과 세 가지 초감각을 설명하면서 자기의 연구를 시작했다. 시간이 흐르면서 슈타이너는, 보다 정확하고, 효과적이고, 유용한 접근 방법을 적용하게 되면, 인간에게는 몸body, 영혼soul, 정신spirit의 능력들을 하나로 통합하는 12가지 감각이 있다는 것을 알 수 있다고 확신하게 되었다. 이것을 다른 말로 설명하자면, 학교에서 우리가 배우고 있는 사실, 즉 인간의 감각은 다섯이라는 관점만이 인간을 정확히 바라보는 유일한 방식은 아니며, 또한 반드시 가장 유용한 접근이라고 할 수는 없다는 뜻이다.

알버트 소스만Albert Soesman 박사는 《열두 가지 감각The Twelve Senses》이란 자신의 책에서 슈타이너의 묘사를 세밀한 점까지 꼼꼼하게 설명하고 있다.[1] 슈타이너는 인간의 12가지 감각을 의지 감각들, 정서 감각들, 인지 감각들이라는 세 그룹으로 나누었다. 자신의 몸에서 일차적으로 지시되는 의지 감각들 혹은 신체 감각들에는 촉감, 생명에 대한 감각, 운동 감각, 균형 감각이 있다. 그 다음, 인간이 세상과 관계를 맺도록 해주는 데 주로 사용되는 정서 감각에는 후각, 미각, 시각, 따뜻한 감각이 포함된다. 세 번째로 자신과 다른 것들을 내적으로 경험하는 일에 사용되는 인지 감각들에는 청각, 언어 감각, 다른 사람의 생각을 알아채는 감각the sense of another's thought, 다른 사람의 "나"를 알아채는 감각the sense of another's 'I'이 있다. 이 12개의 감각 모두를 이해하게 되면, 그것들을 보호하고 잘 돌보는 일의 중요성을 분명하게 이해할 수 있을 것이다. 특히 어린 시절에는 이 감각들을 더욱더 보호해줘야 할 필요가 있다.

---

1. Albert Soesman, 《The Twelve Senses》 M. Cornelis, Stroud의 번역, England, Hawthorne Press, 1990.

의지 감각들	정서 감각들	인지 감각들
신체 감각들 (자신의 몸에서 지시됨)	영혼 감각들 (사람과 세계를 연결시킴)	정신적/사회적 감각들 (내면에서 지시됨)
촉각	후각	청각
생명 감각	미각	언어 감각
운동 감각	시각	다른 사람의 생각을 알아채는 감각
균형 감각	따뜻한 감각	다른 사람의 "나"를 알아채는 감각

의지 감각들Will senses

촉각The Sense of Touch

눈을 감고 자신이 앉아 있는 의자의 표면을 만져보자. 손을 약간 움직여 살짝 압력을 가하면서 촉각을 통해 우리가 받아들이고 있는 많은 인상들을 알아차려 보자. 그러면 의자의 온도, 질감, 저항감, 마찰, 습기, 건조함 뿐만 아니라 그 밖에도 많은 것들을 알아차릴 것이다. 촉각은 우리가 만지고 있는 대상에 관해서 중요한 것들을 이야기해준다. 또한 우리 자신을 이루고 있는 경계들에 대해서도 중요한 것을 말해준다.

아이들은 아기 시절에 자기 손을 입으로 빨아대는 것부터 시작해서 걸음마를 하면서는 집을 탐험하고 물건들을 집어던지는 시기를 거치면서 자라는데, 그러면서 날마다 자신을 이루고 있는 경계들을 알아차리게 된다. 어린 아이들은 모든 것을 만지고 싶어 하며, 어른이 무슨 이유로든 그것을 만지지 못하게 하면 아주 고통스러워한다. 그러므로 아이가 어릴 때는 집에 있는 귀중한 조각상들이나 안전하지 않은 물건들을 아이 눈에 안 띄는 곳에 치워두는 게 가장 좋다. 그래야 이 꼬마가 자기 손에 닿는 것들을 자유롭게 만질 수 있기 때문이다.

내가 만지는 것은
무엇이든지간에
그것 역시
나를 만진다.

아이들이 무엇인가를 만지는 일과 아이들을 만져주는 일은 둘 다 아주 중요하다. 발도르프 유아 프로그램에서 아이들이 갖고 노는 장난감들은 양모, 면, 나무, 실크 같은 천연 소재로 된 재료로 만들어진다. 나름의 고유하고 중요한 특성들을 지니고 있는 이 장난감들은 모두 주변 세계에 대해서 아이들에게 뭔가를 가르쳐주고 있다. 만일 가능하다면, 아이들에게 천연 직물로 만든 옷을 입히라고 우리는 부모들에게 권유하고 있다. 이런 옷들은 춥거나 더운 날씨에 아이들을 보다 편안하게 해줄 것이기 때문이다.

뭔가를 만지는 일에는 분리돼 있음과 연결됨이라는 두 가지 측면이 있다는 것을 알 것이다. 뭔가를 만지는 일은 아이에게 아이 자신에 관해서 무엇인가를 말해준다. 즉, 아이의 감각들을 강화시켜주는 역할을 하는 것이다. 내가 만지는 것은 무엇이든지 간에 그것 역시 나를 만진다. 아이들은 만지는 일을 통해서 주변 세계와 자신이 따스한 사랑으로 연결돼 있음을 느낄 수 있다. 동시에 아이들은 자신과 다른 사람, 그리고 자신과 물건들 사이에 분리와 경계가 있다는 것도 느낄 것이다. 다른 것과 분리되고 다시 연결되는 이러한 경험들은 점차적으로 관계 맺기의 경험과 그것의 가치에 관해서 아이를 일깨우는 역할을 하게 된다. 내가 당신을 만지고 접촉하게 되면, 나는 당신이라는 존재를 좀더 완전하게 이해할 것이다. 내가 의자를 만지면, 나는 의자의 속성을 좀더 완전하게 이해할 것이다. 그러므로 건강한 촉감을 발달시켜감에 따라, 이러한 경계들을 이해하는 능력 역시 점차로 발달해 나갈 것이다.

생명에 대한 감각 *The Sense of Life*

이 내적 감각은 자신의 체질을 경험할 수 있게 해주어서 좋은 기분을 느끼는지 그렇지 않은지를 알 수 있도록 해준다. 이 감각을 통해서 어떤 순간에 우리의 상태가 어떤지를 살펴볼 수 있어서 만일 통증이나 고통이 있다면 그 의미가 무엇인지를 알게 된다. 어린 아이들에게 배고픔과 목마름은 일종의 고통이다. 이 고통은 자신의 몸이 무엇을 원하는지를 아이들에게 가르쳐준다. 생명에 대한 이 감각은 아이들로 하여금 안전한 행복함이나 위험에 대한 인상들을 깨닫게 해준다.

부모들은 자주 폭력에 대한 우려를 표현하곤 하는데, 심지어는 그림 형제의 동화에 등장하는 피비린내 나는 살벌한 사건들에 대해서도 염려하곤 한다. 그래서인지 오늘날에는 이러한 장면들을 빼버리거나 부드럽게 고쳐서 편집한 동화들을 흔히 볼 수 있다. 이런 일은 일종의 진통 효과와 비슷한 것으로, 아이들의 생명에 대한 감각을 빼앗는 결과를 초래하여 이 감각을 둔하게 만들 수 있다. 발도르프 유치원이나 학교에서는 전혀 편집되지 않은 원본 동화들이 유치원과 1학년 교과 과정 중의 중요한 부분을 차지하고 있다.

그림 형제들이 모은 동화들과 같은 참된 동화 안에는, 인간 존재가 어떤 시련과 고난을 겪어내고 위업을 달성하게 되면 결국 자신이 가치 있는 존재라는 사실을 증명하는 과정이 중요한 부분을 차지하고 있다. 동화에 등장하는 주인공들은 악과 맞닥뜨려서 그것을 극복해낸다. 아이들은 늑대의 탐욕과 사악한 마녀가 하는 짓이 우리 어른들이 하는 일과는 아주 다르다는 사실을 경험한다. 아이들은 이러한 특성들을 삶에 관한 좀더 원형적인 이미지로 경험할 뿐이지, 아직은 그 고난을 자기들과 직접 관계 있는 개인적인 일이라고 동일시화하지는 않는다. 아이들은 동화가 결국 행복하게 끝날 것이고, 선한 의지가 악을 이기고 승리할 거라는 걸 믿고 있다.

이러한 이야기들은 아이들의 윤리적 삶에 힘을 부여해준다. 그리하여 이러한 이미지들이 씨앗 형태로 수년 동안 아이들 속에 살아 있다가, 나중에 인생의 어떤 도전에 부딪쳤을 때 그것을 극복할 수 있는 힘과 길잡이가 되어줄 것이다. 동화들을 통해서 아이들은 자신 안에서 그리고 주위 세계 속에서 탐욕, 악, 질투의 본성과 보다 잘 직면할 수 있을 것이다. 우리는 기쁨보다는 고통과 어려움을 통해서 좀더 많은 것을 배운다는 사실을 알고 있다. 소스맨 박사는 고통을 느끼지 못하면 인간 존재는 절대로 발전할 수 없다고 말하고 있다. 그러므로 고전적인 동화들 중에서 폭력적인 부분이라고 성급히 판단해서 부드럽게 고쳐버린다면, 우리는 이 윤리적인 힘을 강하게 해주는 경험을 아이들로부터 빼앗는 셈이 된다. 만약 선생님들이 소위 말하는 그 무서운 부분들을 연극조로 과장되게 표현하지 않고 객관적인 태도로 들려준다면, 그 이야기들이 아이들을 무섭게 하지는 않을 것이다.

참된 동화 안에는 기쁨과 슬픔이 조화롭게 포함되어 있다. 아이들은 이것을 자신의 체질 안에서 곧바로 경험한다. 원본과는 다르게 편집된 것이거나 목소리를 과장해서 들려주지만 않는다면 동화는 아이들의 생명 감각을 자극하고 양분을 제공해준다. 동화를 들려주는 기술은 그것을 완전하게 그리고 조용히 들려주는 것이다. 마치 정원에 있는 꽃 한 송이를 묘사하듯이 말이다.

동화에 나오는 도전들이 마지막에 잘 해결이 되면, 유치원 선생님들은 흔히 아이들의 안도하는 한숨소리를 들을 수 있을 것이다. 이것은 악이 물리쳐졌고, 정의가 이루어진 것에 대한 안도감이다. 이렇듯 우리는 생명에 대한 감각이 아이의 건강한 발달을 촉진시키는 방식으로 훈련된다는 사실을 알 수 있다.

하지만 어떤 것들이 아이들의 나이에 알맞은 동화들인지를 결정해야 한다. 악이 묘사되는 방식과 이야기의 복잡성에 따라서 알맞은 동화를 결정할 수 있다.[2] 만약 당신이 아이들에게 읽히고 싶거나 들려주고 싶은 특정한 동화에 대해서 질문을 하면, 발도르프 유치원 선생님들이 이 결정에 대해 도움을 줄 수 있을 것이다.

---

2. 각각의 나이에 알맞은 동화들과 이야기 목록은 200쪽을 참조.

운동 감각 *The Sense of Movement*

이 감각은 몸을 움직일 때 우리의 근육과 관절들에 대해 의식하게 해준다. 예를 들어, 팔꿈치를 구부리게 되면, 수축하고 이완하는 팔 근육을 느낄 수 있을 것이다. 이 감각은 또한 주위 공간을 가로질러 우리가 활동하고 있다는 사실을 의식하게 해준다. 이 감각이 발달해감에 따라 아이는 자신의 속도대로 앉고, 서고, 돌아다니는 법을 배운다.

그러므로 아기용 보행기나 문간에 매달아 놓는 탄력 있는 유아용 그네 같은 것들을 사용하지 말라고 권하고 싶다. 아이는 준비가 되면 직립 자세를 취하는 일을 스스로 경험하면서 자신의 의지력들을 훈련하고 강하게 만들기 때문이다. 소스만 박사는 이야기하길, 보행기를 사용해서 이 직립 자세를 지나치게 일찍 아기에게 강요하게 되면, 아직 미숙한 관절들과 근육들이 건강하지 않은 방식으로 접질릴 수가 있다고 한다. 거기에다가 아이의 운동 감각의 발달까지 방해할 수 있다고 한다. 사실상 이러한 장치들은 그런 것들이 없으면 아이가 그런 식으로 움직일 수 없음에도 불구하고, 그렇게 움직일 수 있다고 아이의 몸에게 말하고 있는 것과 같다.

발도르프 학교에서 많은 아이들은 운좋게도 건강한 몸놀림을 격려하는 예술 형식인 유리드미eurythmy 수업에 참여할 수 있다. 유리드미 수업에서 아이들은 음악이나 시에 맞춰 움직이면서 자신의 육체와 에테르체etheric body(영기체[靈氣體]라고도 번역되며 슈타이너의 사상에서는 육체를 살아 움직이

아이는
준비가 되면
직립자세를
취하는 일을
스스로
경험한다.

게 하는 생명의 힘을 뜻함. —옮긴이) 사이에서 조화를 경험한다. 어린 아이들이 있는 반에서는 실내에서뿐만 아니라 야외 놀이에서 아이들이 둥글게 모여서 하는 활동들을 통해 이 감각이 자극을 받고 풍요롭게 길러진다.

균형 감각 The Sense of Balance

우리의 귀 안에는 90도 각도의 반규관(半規管)이 세

개 들어 있다. 이 구조는 우리로 하여금 3차원 공간, 즉 위아래, 좌우, 앞뒤에 있는 대상들과 관계를 맺게 해준다. 많은 이들이 내이(內耳)가 균형을 이루는 일과 관련이 있다는 사실을 경험했을 것이다. 여러분들도 예전에 중이염을 앓으면서 현기증을 느끼거나 중심을 잃은 경험이 있었을 것이다. 중이염은 우리 내부에 불안정한 상태를 만들어낸다. 이 감정은 아직 발달상 준비가 되기도 전에 걷기를 배우게 될 경우에 아이가 느낄 법한 감정과 밀접한 관계가 있는 것으로 여겨진다.

그러므로 아이가 준비됨에 따라 이 균형 감각이 정상적인 과정으로 발달하게끔 해야 한다. 아이 안에 있는 내적인 추동력이 계속해서 일어서보고 마침내 혼자서 걷게끔 아이를 격려하게 하자. 만일 너무 서둘러서 아기를 직립자세로 세워 놓거나 보행기나 유아용 그네를 사용하게 되면, 이 감각을 제대로 발달시키기 위해 한걸음씩 애쓰는 경험을 아이로부터 빼앗는 셈이 될 것이다.

예전에 나는 처음으로 엄마가 된 이를 위해 몇 개의 단어로 지금 말한 것을 요약해본 적이 있다. 나는 그녀에게 이렇게 말했다. "만약 아이가 자기 혼자 힘으로 할 수 있는 게 없다면, 직립 자세를 취하게 하는 것은 너무 빠르거나 시기에 맞는 활동이 아닙니다." 아이로부터 직접 단서를 얻는 게 가장 좋다. 만일 앉기나 혼자 서기 같은 새로운 활동을 할 준비가 됐음을 보여준다면, 아이는 금방이라도 그것을 할 것이다.

　아이들이 하는 많은 놀이들은 이 균형 감각이 건강하게 발달하도록 촉진시키는 역할을 한다. 발도르프 유치원 교실에서 아이들은 평균대 위를 걷고, 줄넘기를 한다. 또한 함께 둥그렇게 모이는 시간에는 선생님의 몸짓이나 시 그리고 전래 동요나 계절 노래에 맞추어서 제자리 뛰기, 건너 뛰기를 하고, 발끝으로 올라가는 일 등을 한다. 이러한 모든 활동들은 어린 아이들의 균형 감각을 훈련시키고 발달시킨다.

정서 감각들Feeling Senses

후각The Sense of Small

이 감각을 통해 우리는 달콤한 초콜릿, 새콤한 피클, 상한 음식 같은 사물들의 성질을 경험하면서 이것들과 아주 개인적인 관계를 맺게 된다. 우리 인간은 지나치게 오랫동안은 숨을 참고 있을 수 없다. 그래서 어른인 우리들조차 이 감각 인상들을 오랫동안 차단하는 일에 나름의 한계가 있는 것이다. 우리는 아주 개인적인 방식으로 냄새를 경험한다. 예를 들어, 어떤 사람들은 히아신스 꽃향기를 아주 향기롭게 느끼지만, 다른 사람들은 그 향기를 참을 수 없어할지도 모른다.

냄새는 기억과 관련되어 있다. 만일 사과 파이를 굽고 있는 집 안에 들어가게 되면 어린 시절에 할머니가 만들어주셨던 맛있는 파이를 기억할 것이다. 숲에 산책을 가서 소나무 향기를 맡게 되면, 어린 시절에 숲에서 뾰족한 소나무 잎들 위로 걸어 다녔던 기억을 떠올릴지도 모른다. 물론 안 좋은 기억들도 있을 수 있는데, 가령, 개똥을 밟았던 일처럼 역겨운 냄새와 연관된 기억도 있을 것이다. 우리 집에서는 이런 일이 있었다. 휴가 때 식구들이 집을 비운 동안 냉장고가 작동을 멈춰버린 것이다. 집에 돌아온 우리는 냉장고 안에 있던 모든 음식이 우리가 없는 사이에 상해버린 것을 발견했다. 우리가 돌아오기 전에 냉장고를 청소해놓기 위해 애쓴 친구의 노력에도 불구하고, 그 대단한 냄새는 그 후 몇 달 동안 냉장고 안에 남아 있었다. 매번 냉장고를 열 때마다 우리는 휴가가 끝나 집으로 돌아온 그날을 기억하지 않을 수 없었다.

아이들은 자기 주위에 떠도는 강한 냄새들에 대단히 민감하다는 사실을 기억하는 게 중요하다. 비누와 샴푸에서부터 청소용품과 세탁용 세제까지 우리가 사용하는 많은 상품들에서 갖가지 냄새들이 풍겨 나온다. 막 자라는 시기에 아이들이 냄새는 물론이고 자기 주위 환경으로부터 흡수하는 모든 것들은 아이의 에테르체에 흡수되고 아이의 신체를 형성하는 데도 영향을 미친다. 어른인 우리의 후각은 아이의 것보다 훨씬 둔하다. 그러므로 매일 맡고 있는 냄새들의 맹공격이 어른에게 미치는 영향과 아이에게 미치는 영향은 크게 차이가 난다. 어른의 몸은 이미 다 형성된 상태라서 주위 환경으로부터 흡수하는 것들에 아이만큼 깊은 영향을 받지 않기 때문이다.

만일 주위에서 좋은 냄새가 난다면, 우리의 온몸은 그 냄새에 반응하여 감각을 열어놓으려 할 것이다. 발도르프 유치원에서는 간식을 만들 때 의도적으로 쌀 요리나 사과 요리를 하거나 빵을 만들면서 맛있는 냄새를 풍긴다. 아이들의 몸은 이런 냄새에 반응하여 소화액이 나오기 시작할 것이다.

이와는 달리 주변 환경에서 끊임없이 좋지 않은 냄새가 난다면, 아이는 자신의 감각을 닫아버릴지도 모른다. 그 결과 자신을 둘러싼 세계를 신뢰

하면서 마음을 여는 능력을 발달시키지 못할 수도 있다. 이런 일은 나중에 사회적인 발달과 관련해서 분명히 어떤 영향을 미칠 것이다.

미각 *The Sense of Taste*

소화는 입 안에서부터 시작된다. 음식을 씹고 삼킬 때 우리는 미각을 통해서 물질과 우리를 하나로 연결시키는 과정을 시작한다. 이 음식은 실제로 나중에 우리 몸의 일부가 될 것이다. 혀의 각기 다른 영역들은 음식의 다양한 성질을 맛보게끔 구성되어 있다. 혀의 뒷부분은 쓴맛을 느끼고, 앞부분은 단맛, 그리고 양 옆 부분에서는 짠맛과 신맛을 느낀다. 소스맨 박사는 지적하길, 맛의 이 다른 성질들이 우리 몸에 각기 다른 영향을 미치며, 특히 미각에 좀더 민감한 아이들에게 더욱더 그러하다고 한다. 시고 짠 음식은 지나치게 꿈꾸는 듯한 아이를 일깨우는 긍정적인 효과가 있는 반면, 달콤한 음식은 슬픈 아이에게 행복한 기분을 느끼게 해줄 것이다. 쓴맛이 나는 음식은 뭔가를 하려는 동기가 부족한 아이의 의지를 일깨우는 데 관여한다. 소스맨 박사는 말하길, 체질적인 불균형이 있을 경우 그것을 치료하는 데 이러한 통찰들이 효과적으로 사용될 수 있다고 한다.

미각은 우리에게 먹어도 좋은 음식이 무엇인가를 가르쳐 줄 수 있어야 한다. 특히 아이들을 위해서 가능하다면, 유기농으로 재배한 과일과 채소를 권하고 싶다. 어른의 기호에 맞춰 변형시키지 않은 상태로 아이에게 다양한 맛을 맛보게 하면, 아이의 건강한 발달을 자극하고 북돋울 수 있다. 반면 소금, 설탕, 화학조미료 등을 과도하게 사용하게 되면, 특정한 음식들을 필요로 하는 몸의 요구와 우리의 미각 사이에 존재하는 관계를 파괴하게 될지도 모른다.

시각The Sense of Sight

시각을 통해 우리는 빛, 어둠, 색깔을 경험한다. 슈타이너는 《인간 경험의 기초》라는 책[3]에서 뭔가를 보는 과정을 설명하기 위해 플라톤의 글을 인용하고 있다. 플라톤에 의하면, 우리의 눈은 마치 두 개의 팔처럼 자신의 시각 기관을 앞으로 길게 뻗어서 지각되는 대상을 붙잡는다고 한다.

소스맨 박사는 어떤 사람 앞에 세 개의 판자를 놓아두고 했던 실험을 소개하고 있다. 이 실험은 주황색인 두 개의 판자 사이에 회색 판자 하나를 놓아두고 한 실험이었는데, 회색 판자의 중앙에는 검은 점 하나가 있었다. 처음에 피실험자는 회색 판자의 검은 점에 초점을 맞추었다. 조금 후에는 판자들을 모두 치우게 했다. 그러자 피실험자는 회색 판자가 있던 곳에서는 일종의 잔상(殘像)으로 주황색을 보았고, 주황색 판자가 있던 곳에서는 잔상으로 푸른색을 볼 수 있었다. 이 실험이 말해주는 바는, 우리

---

3. 루돌프 슈타이너, 《인간 경험의 기초The Foundation of Human Experience》 강의 3, Hudson, NY: Anthroposophic Press, 1997.

인간은 실제로 지각하는 대상의 색을 내적으로 변형
시켜서 내면에서는 그것의 보색(補色)을 경험한다는
사실이다.

아이들의 경우 이 내적인 색채의 경험이 훨씬 강하
기 때문에 색을 일종의 치료 수단으로 사용할 수 있
는 것이다. 위축된 아이에게 파란색을 입히면, 아이
는 내적으로 파란색의 보색인 주황색의 활발함을 느
낄 수 있을 것이다. 지나치게 활발한 아이에게 빨강

아이들은
빛을 통과하여
비쳐나오는
색채를
경험한다.

색 위주로 옷을 입히면, 빨강색의 보색인 초록색의 차분함을 느끼게 해줄 수 있다.

이 실험은 또한 눈을 위해서 휴식하는 공간이 중요하다는 사실을 지적해주고 있다. 눈이 휴식을 할 수 있는 공간에서 우리는 이전에 보았던 것을 내적으로 다시 만들어낼 수 있기 때문이다. 그렇기 때문에 발도르프 유치원 교실에서는 벽에다 많은 그림들과 포스터 등을 장식해놓지 않는다. 어떤 벽들은 아무것도 걸린 것이 없이 텅 비어 있는데, 여기서 우리의 시각은 지나치게 자극적인 이미지들로부터 자유로워져서 나름대로 쉴 수 있는 것이다.

우리는 아이가 하게 되는 내적인 색의 경험이 가능하면 참되고 순수하길 바란다. 그렇기 때문에 아이들이 지내는 환경에서는 눈에 거슬리거나 지나치게 자극적인 색을 사용하지 않도록 주의하고 있다. 발도르프 유치원 교실 안에 있는 벽들은 흔히 부드러운 복숭아 색이 칠해져 있다. 또한 인공적인 광선보다는 얇고 투명한 커튼을 통해서 부드럽게 걸러진 자연광을 더 좋아한다.

건강한 시각 발달을 돕기 위해서 발도르프 유치원 프로그램 안에는 색을 사용하는 활동들이 많이 들어 있다. 우리는 템페라 물감(아교 등으로 안료를 녹인 불투명한 그림물감—옮긴이)이 아닌 수채화 물감을 사용해서 아이들과 함께 그림을 그린다. 두 물감은 서로 그 특질이 아주 다르다. 수채화 물감을 사용하게 되면 아이들은 색을 통과해서 나오는 빛을 경험할 수 있다. 반면 불투명한 템페라 물감으로는 색으로부터 반사된 빛을 경험하게 된다. 우리는 또한 색깔들이 다채롭기 때문에 크레용으로 그림 그리기나 천연 밀랍 점토로 모형 만드는 일 역시 좋아한다.

인형극을 위한 무대는 색깔이 있는 비단 천이나 면으로 된 천들로 꾸민다. 이러한 천연 섬유는 화학섬유와는 아주 다르게 빛을 반사하며, 아이가 하는 색깔 경험의 질을 높여주는 역할을 한다. 이런 방식으로 아이의 건강한 시각 발달을 자극하고 격려할 수 있다.

*따뜻한 감각*The Sense of Warmth

《열두 가지 감각들》이란 책의 제4장에서 소스맨 박사는, 따뜻한 감각 혹은 자신이 온도 감각이라고 부른 감각은 그 속성상 두 부분으로 이루어져 있다고 설명하고 있다. 첫 번째 것으로는, 따뜻하고 차가운 기온이 우리 몸에 어떤 영향을 미치고 어떻게 반응하는지를 예로 들고 있다. 따뜻한 곳에서 우리의 몸은 이완되고 긴장이 풀리는 반면, 차가운 곳에서는 긴장되고 근육이 수축된다. 우리 인간은 정상 체온을 유지하기 위해서 필요에 따라 옷을 벗거나 껴입는다. 그러므로 앞 장에서도 이야기했듯이 부모들과 선생님들이 아이의 몸을 따뜻하게 돌봐주는 일이 아주 중요하다.

하지만 우리는 다른 사람이 우리를 향해 보내는 영혼의 따뜻함과 차가

아이들은
간식 시간 후에
그릇 닦는
일이 즐겁다.

움 역시 경험하기 마련이다. 누군가와 만나 관계를 맺을 때 우리는 흥미로움을 가지고 자기 자신을 열어 놓는다. 그러면서 그 사람으로부터 오는 반응을 느끼게 된다. 어린 아이는 어른들보다 주위 사람들이 보이는 영혼의 반응들을 훨씬 민감하게 알아차린다. 상대의 차가운 반응은 아이를 움츠러들게 하며, 심지어는 아이가 마음을 닫고 자기 안으로 숨어버리게 되는 요인이 되지 않을까? 이와 달리 주위 사람의 따스하고 친절한 반응은 아이가 관계에 대한 열정을 느끼면서 보다 적극적인 상호작용을 하게끔 북돋우지 않을까?

　발도르프 유치원 교실에서는, 소스맨 박사가 말한 영혼의 따뜻함이 학부모들을 포함한 전체 그룹 사이에서뿐만 아니라 선생님과 각각의 아이들 사이에서 될 수 있으면 많이 오갈 수 있도록 애쓰고 있다. 이 점은 어린 아이들과 함께 지내는 우리의 일에서 중요한 부분을 차지한다. 아이들은 또한 우리 모두가 주위 환경의 지배인이란 사실도 배우게 된다. 유치원에서 아이들은 청소하고, 문질러 닦고, 그릇을 씻고, 교실을 정돈하는 일을 돕는다. 찢어지거나 부서진 장난감들을 수선하고 영 못쓰겠으면 교실에서 치운다. 또한 교실 밖의 환경도 돌보는데, 가령 야외 놀이를 하면서 만나게 되는 식물들, 나무들, 동물들에게 배려하는 마음을 갖도록 노력한다. 이러한 일들로부터 배려하는 태도를 흡수한 아이들은 서로를 배려하는 법을 배울 것이다. 소스맨 박사가 설명한 영혼의 따뜻함을 아이들은 이런 방식으로 경험하는 것이다.

인지 감각들Cognitive Senses

*청각*The Sense of Hearing

우리의 귀는 외이(外耳), 중이(中耳), 내이(內耳), 이 세 부분으로 이루어져 있다. 청각은 숟가락이 땡그랑 울리는 소리, 종소리, 드럼 소리들을 서로 구분할 수 있게 해준다. 소리는 우리에게 깊은 인상을 준다. 그런데 아이들은 자기 주위에서 들리는 거슬리는 소리들을 막아낼 능력이 없다. 다시 말하지만, 만일 우리가 지나치게 소음이 심한 곳에 가야 한다면, 아이들은 데려가지 말고 집에 있게 하는 것이 아이들을 보호하는 가장 좋은 방법이다. 심지어 어른인 나조차도 거대한 쇼핑몰에서 물건을 사는 일이 힘들 때가 많다. 큰 통로들과 가게들에서 들리는 시끄러운 음악은 나를 혼란스럽게 만들어서 어떤 때는 사야할 것을 제대로 결정하지 못하기도 한다. 아이의 민감한 귀에는 이러한 소리들이 더욱 확대되어 보다 크게 영향을 미칠 것이다. 북적대는 쇼핑몰에서 부모는 '겨울에 갇힌 공간에 오래 있으면서 생기는 우울증winter cabin fever'에서 벗어났다는 안도감을 느낄지 모르지만, 아이로서는 시각적으로나 청각적으로 지나치게 부담이 되는 상황이 아닐 수 없다.

아이들은 흔히 자동차 안에 설치된 라디오나, 시디플레이어, 텔레비전 같은 것들에서 배경으로 들리는 전자음들에 쉽게 노출된다. 이런 소리들은 자칫 아이의 청각에 맹공격을 퍼붓는 소음이 되기 쉽다. 이렇게 되면 아이들의 주의력이 지금 하고 있는 일과 배경 음악 사이에서 분산되기 마련이고, 놀이에 집중할 수 있는 아이의 능력을 약화시킬 수 있다.

발도르프 유치원에서는 아이들이 소리에 퍽 민감하다는 사실을 잘 깨닫고서 주의 깊게 고려하고 있다. 선생님들은 되도록 부드러운 목소리로 이야기하며, 라이어(고대 그리스에서 사용한 손으로 연주하는 작은 현악기—옮긴이)로 연주하기, 노래하기, 이야기 들려주기 같은 것들로 아이들의 청각을 부드럽게 자극한다. 우리는 소리가 지닌 특성이 아이의 발달 단계와 조화를 이루기를 바란다. 소리를 경험하는 복잡한 상호작용 안에는 자연 법칙들이 작용하고 있으며, 이것 역시 아이 몸의 발달에 영향을 미친다. 물론 아이들이 항상 부드러운 소리만 들으면서 모든 아침 시간을 보낼 수는 없을 것이다. 때로는 아이들이 큰 소리를 낼 수도 있기 때문이다. 하지만 우리 반에서 들리는 큰 소리들은 자연스럽게 나는 것이지 기계나 전자음을 통해 나오는 소리는 아니다.

*언어 감각*The Sense of Speech

언어 감각은 다른 사람들과 의사소통을 할 때 언어를 사용한다는 사실을 알게 해준다. 언어 감각은 언어가 작용하는 방식을 파악하게 해주고, 단어와 문장이 어떻게 구성되는지, 소리와 단어들의 순서로부터 어떻게 의미가 파생되는지, 깊은 생각과 감정을 표현하기 위해서 단어들을 어떻게 사용할 수 있는지를 알게 해준다. 그 다음 감각인 사고 감각은 다른 사람이 "단어들 너머로" 전하고자 하는 의미가 무엇인지를 알아챌 수 있는 능력을 부여해준다. 이러한 말로 이루어지는 의사소통 과정을 통해 우리는 말을 구사하는 타고난 특질에 참여한다. 이 감각을 통해서 우리는 말소리가 불러일으키는 감정들로 세계를 지각하게 된다. 그러면서 같은 언어를 사용하는 사회와 문화 속에 확고하게 자리를 잡게 된다. 이렇듯 언어 감각은 사회를 이해할 수 있게 해주는 핵심 요소이다. 슈타이너는 말을 배우는 일과 관련된 모든 과정과 언어가 한 인간 존재를 모든 차원에서 구체화하는 방식에 관해서 아주 길게 이야기를 하고 있다.

인간 존재들과 많은 것을 소통하게 해주는 언어에는 특정한 소리들이 있다. 자음은 언어를 구성하는 기본 요소로, 말하자면 언어의 골격인 셈이다. 반면에 모음은 좀더 언어의 의미를 나타내는 역할을 한다. 상대의 이야기를 들을 때 이 소리들은 말하고 있는 언어의 집이라고 할 수 있는 전체 문화의 경험을 전달해준다. 스페인어를 말하는 사람들은 나(I)라는 인간을 요(yo)라는 음조와 감정을 통해 표현하는 반면, 독일인들은 나를 부르는 말로 이히(Ich)라는 소리를 사용한다.4 각각의 언어들은 다른 모든 언어들과 구별할 수 있는 자신만의 고유한 특질들을 가지고 있다. 이 점과 관련해서 소스맨 박사는 체코어를 예로 들고 있다. 모음이 적은 체코어는 프랑스어나 이탈리아어 같이 모음을 많이 사용하는 언어와는 아주 다른 영향을 사람들에게 끼친다고 한다.

말로 하는 언어라는 인간에게만 고유한 이 사건에 완전히 참여하는 일은 인간 대 인간 사이의 의사소통을 필요로 한다. 인간이 선천적으로 타고난 말하는 일과 단어들을 소리 내는 일은 단순히 인간의 언어를 녹음해서 들려주는 기계를 통해서는 제대로 전달될 수가 없다. 사실 우리 어른들은 그런 식으로 녹음된 소리를 파악할 수 있고, 또 녹음된 소리의 비실

---

4. 언어 감각의 이 측면에 대해 좀더 알고 싶다면 루돌프 슈타이너의 《몸, 영혼, 정신에 관한 심리학A Psychology of Body, Soul, Spirit》(Hudson, NY. Anthroposophic Press, 1999)을 참조.

재성을 벌충할 수 있는 능력이 어느 정도는 있지만, 그렇게 하려면 우리의 인생 경험 전부를 그 일을 위해 써야 한다. 반면 어린 아이에게는 이런 능력이 없다. 그러므로 내 생각에 아이의 건강한 언어 감각을 발달시키기 위해서는 녹음된 소리를 들려주는 일을 제한하는 것이 필요하다고 본다. 마틴 라지Martin Large는 《누가 그들을 키우는가?》라는 책[5]에서 이 문제에 관해 아주 잘 설명해주고 있다.

아이들은 모방하기, 듣기 그리고 실제로 살아 있는 사람과 이야기를 주고받는 과정을 통해서 말하기를 배운다. 아이들은 다른 사람이 말하는 것을 경험함으로써 자신이 본래 타고난 언어의 특질, 생생함, 그 의미와 변화 상황에 접촉할 필요가 있다. 텔레비전에서 나오는 기계적으로 녹음된 목소리는 실제 사람들 사이에서 오고가는 대화를 대신할 수 없다. 나로서는 이런 실험이 절대로 행해지지 않길 바라지만, 어린 아이가 오직 텔레비전이라는 매체를 통해서만 말하기를 배우는 일은 불가능하거나 아주 어렵다는 가설을 감히 내놓을 것이다.

이전에도 이야기했듯이, 아이가 텔레비전을 보는 일은 언어를 배우는 아주 중요한 나이에 뇌에 있는 언어 영역의 발달을 지연시킴으

---

5. Martin Large, 《누가 그들을 키우는가?Who's Bringing Them Up?》 Stroud, England: Hawthorn Press, 1980.

로써 언어와 관계된 능력을 둔하게 할 수 있다.

"엄마, 나한테 이야기해줘."란 말이 지니고 있는 중요성은 아무리 강조해도 지나치지 않다. 아기들은 우선 자기 주위에서 들려오는 대화를 들으면서, 아마도 그 말들의 많은 부분을 이해할 것이다. 몇 달 후에 아이들은 옹알이를 하면서 발성 기관을 훈련시키고 단어들을 따라하기 시작하는데, 흔히 여러 번 반복해서 단어들을 따라한다. 형제자매나 부모와는 달리 텔레비전은 아이가 반응하는 것을 기다려주지도 않을뿐더러 미소를 짓는 얼굴도 없고 따뜻하게 껴안아 주는 일도 없다.

모방하기, 자세히 되풀이하기, 따라서 말하기는 걸음마하는 아이가 다른 사람들로부터 단어, 문장, 의미를 배우게끔 도와준다. 즉, 대화야말로 언어 발달을 돕는 최적의 조건이라는 뜻이다. "리틀 보 핍Little Bo Peep" "팻 어 케이크 베이커스 맨Pat-A-Cake Baker's Man" 같은 운율이 맞는 시구나 전래 동요들을 되풀이해서 들려주게 되면, 아이가 단어와 리듬 속에서 즐거움을 발견하면서 말의 명확성과 언어에 대한 진정한 느낌을 얻는 데 도움이 될 것이다. 자장가들, 노래들, 이야기들을 풍요롭게 듣고 자란 아이는 학교에서도 두각을 나타낼 것이다.

발도르프 유치원과 학교의 교과 과정 중에는 언어를 예술적으로 사용하는 일이 중요한 부분을 차지한다. 이 시간에 선생님들은 고전적인 전통을 반영하는 풍요로운 언어적 이미지들을 사용해서 아이들에게 이야기들과 동화들을 들려준다. 때때로 이야기를 듣는 과정에서 아이들은 자신들이 이해하고 있는 것보다 약간 수준이 높은 단어들을 들어야 할 때도 있다. 하지만 이야기의 맥락 안에서라면 이 새로운 단어들을 충분히 받아들일 수 있을 것이다. 그러면서 이야기 속에서 언어가 어떻게 작동하는지에 관해 익숙해질 것이다. 함께 둥그렇게 모이는 시간 역시 이와 비슷하다. 운율이 맞는 전래 동요나 시나 계절 노래들을 부르면서 선생님과 아이들은 크고 작은 몸짓을 하게 된다. 이런 방식은 아이들에게 언어의 예술적 특성에 대해 살아 있는 방식으로 말을 거는 일이다. 선생님이 솔직함과 살아 있는 내적인 이미지들을 가지고 이러한 시구들이나 이야기를 들려주게 되면, 아이들의 지각력을 높여주고 언어 감각을 강화시켜줄 것이다.

다른 사람의 생각을 알아챌 수 있는 감각 The Sense of Another's Thought

아이들은 어떤 생각들을 이해할 수 있기 전에 오랫동안 어른의 성숙한 생각들로 둘러싸인 세상 속에서 살아간다. 그러다가 다른 사람의 생각을 알아챌 수 있는 감각이 발달하면서 아이들은 점차 사람들의 생각이 뜻하는 바를 이해하고, 파악하고, 머릿속에 떠올릴 수 있는 능력을 발달시켜 나간다.

다른 나라를 여행한 적이 있다면, 언어 장벽이 있음에도 불구하고 어떤 사람이 당신에게 뭔가를 이야기하려고 애쓸 때 당신이 느꼈던 감각을 기억할 수 있을 것이다. 당신들은 서로에게 몸짓 발짓을 하고, 손으로 뭔가를 가리키고, 심지어는 각자 자신의 언어로 이야기를 하면서 어떻게든 의사소통을 할 수 있었을 것이다. 아마도 이런 상황이 바로 어린 아이들이 처한 상황, 즉 어른들의 생각과 어른들의 말로 둘러싸여서 살아가고 있는 상황과 아주 비슷할 것이다.

어쩌면 당신이 뭔가를 설명하려고 하는데 단어들이 갑자기 꼬이거나 문장에서 잘못된 말을 사용했지만, 상대방은 어쨌든 당신이 말하는 바를 이해했던 경험도 있을 것이다. 혹은 어떤 사람이 당신에게 뭔가를 표현하고자 하는데 알맞은 단어들을 찾지 못해서 쩔쩔매는 상황을 본 적도 있을 것이다. 이럴 때 당신은 다른 사람의 생각을 알아채는 능력을 사용해서 상대방이 알맞은 단어를 찾을 수 있도록 도와줄 수 있을 것이다.

이러한 경험들을 통해서 우리는 다른 사람의 말 뒤에 숨은 생각이 무엇인지를 알아차릴 수 있는 것이다. 심지어 사람들의 말이 자신들의 생각을 곧이곧대로 표현하고 있지 않을 때조차도 그러하다. 이 감각을 통해서 우리는 다른 사람의 생각에 참여할 수 있는 것이다. 이 생각하는 감각은 우리가 말의 한계를 넘어서 서로 서로 연결될 수 있게 해준다. 또한 동료 인간들의 생각들과 개념들 속에서 살아갈 수 있도록 길잡이 노릇을 해주며, 사람들이 말을 통해 열심히 표현하고자 하는 바를 이해할 수 있도록 해준다.

아침에 둥그렇게 모이는 시간에 우리는 특별히 선택한 시들, 운율이 맞는 전래 동요들, 계절 노래들을 부르면서 생각의 실 한 가닥을 짜나간다. 이때 곁들여 행하는 몸짓을 통해서는 이 생각과 서로 관련이 있는 의미를 표현한다. 이야기를 들려주는 시간도 이와 마찬가지이다. 선생님이 마음속에서 떠올리는 생각은 아이들을 자연스럽게 이야기 속으로 초대하는 역할을 한다. 아이들은 이 생각의 실을 따라가면서 이야기 속의 인물들이 이런저런 사건들을' 겪어 나갈 때 함께 나아갈 것이다. 이러한 활동들은 다른 사람의 생각을 알아채는 감각을 길러준다.

다른 사람의 "나"를 알아채는 감각 The sense of Another's "I"

이 감각은 촉각과 밀접한 연관이 있다. 갓 태어났을 때부터 우리는 아기를 꼭 껴안아 주고, 보살펴주고, 말을 걸어준다. 이러한 경험들을 통해 아기는 다른 인간 존재와 내적인 상호작용을 할 수 있게 된다. 이처럼 어루만져주고 안아주는 일은 점차적으로 아이가 다른 사람과 함께 있어도 편안함을 느끼게끔 도와준다. 아이가 다른 사람의 존재를 알아채는 이 감각을 발달시켜감에 따라 다른 사람의 개성 역시 느낄 수 있게 된다.

어린 아이들은 다른 사람의 개성을 알아채는 능력이 충분히 발달해서 누가 누구인지 잘 식별할 수 있기 훨씬 전부터 세상을 경험하고 있다. 지금 저런 식으로 말하고 행동하는 사람의 이면에 있는 사람은 누구일까? 이 사람은 마음이 따뜻하고, 정직하고, 진솔한 사람일까? 아니면 아이에게 관심이 없고, 진실되지 못하고, 자기만 아는 사람일까? 아이들은 본능적으로 그 사람 이면에 있는 진짜 존재를 알아챌 수 있다. 하지만 어린 아이의 자아ego는 아직 강하게 발달해 있지 않아서 좋지 않은 사람으로부터 받는 부정적인 경험으로부터 자신을 보호하지 못한다. 그런 경우에는 다른 사람의 "나" 혹은 다른 이의 개성과 만나는 일에 무의식적으로 열려 있는 아이의 믿음과 신뢰가 훼손될 것이다. 당연히 이런 식의 부정적인 경험은 아이의 감각이 건강하게 발달하는 데 불리한 영향을 끼친다. 다른 사람이 거짓말하는 것을 아이가 경험하게 되면, 다른 사람이 누구인가를 알아채는 자신의 감각을 신뢰할 수 없다고 믿게 만든다. 아이의 내적인 감각은 그 사람이 주장하고 있는 것과는 다른 것을 이야기해주고 있기 때문이다. 물론 이 모든 일들은 아이의 잠재의식 단계에서 이루어진다. 나중에 어른이 된 후에, 우리는 어린 시절의 경험이 다른 사람에게 기꺼이 마음을 여는 능력에 영향을 끼쳤다는 것을 발견하게 될지도 모른다.

슈타이너는 지적하길, 어린 아이들은 자기 주위 사람들의 성격을 너무나 열렬히 경험하기 때문에, 주위 사람들이 정직하고 온전한 사람인 것이 더없이 중요하다고 한다. 아이가 만나는 선생님이 어떤 사람인가가 전달해주는 메시지는 그 선생님이 이야기하는 말들보다 훨씬 더 강력한 영향을 미친다. 오래 전에 부모 모임에서 헨리 반즈Henry Barnes[6]가, 선생님이란 존재는 자신이 어떤 사람이 될 수 있는가를 통해서 다른 사람들을 가

---

6. 뉴욕 시에 있는 루돌프 슈타이너 학교의 선생님이자 행정관.

르친다고 말한 일이 기억난다. 이렇듯 어린 아이들을 위해 선생님이자 부모인 우리가 끊임없이 자기 성장을 위해 애쓰면서 아이에게 긍정적인 역할 모델을 제공하는 것이 가장 중요하다.

요약

12가지 감각들은 모두 상호 의존하고 있으며 서로 관련되어 있다. 따로 분류하여 설명한 것은 다만 각각의 감각들을 보다 잘 이해하기 위해서이다. 우리가 살고 있는 현대 세계에는 분명 이 감각들의 건강한 발달을 위태롭게 할 수 있는 것들이 많이 있다. 발달상 아직 준비가 안 된 상태인데 아이들의 운동 조절 능력을 한계 너머까지 밀어붙이는 장치들이 있는가 하면, 지나치게 가공되거나 인공 조미료가 첨가된 음식들과 인간들 사이의 우호 관계를 모방한 전자 매체들이 범람하고 있는 실정이다. 하지만 다행히도 우리 인간 존재는 아이들이 자기 주위 세계의 풍요로움을 이해할 수 있는 어른으로 성장하기 위해 필요한 것들을 제공해줄 수 있는 능력을 여전히 가지고 있다. 부모이자 선생님인 우리들은, 아이들이 우리의 보호를 발판으로 삼아서 삶의 모든 면을 껴안을 수 있는 잘 발달된 능력을 가진 사람으로 자랄 것이란 믿음을 갖고 앞으로 나아갈 수 있을 것이다.

부모들의 질문들

부모: 생명을 느끼는 감각에 대해 좀더 자세히 설명해주시겠어요? 이 감각은 우리가 겪을지도 모르는 특정한 육체적 고통에 대한 정보도 제공하나요?

바바라: 그렇습니다. 손가락에 화상을 입은 것에서부터 눈 위쪽이 아파 오는 편두통까지 모두 포함합니다. 아침에 일어났을 때 보통 때와 달리 몸이 무겁게 느껴지거나 뭔가 이상이 느껴진다면, 생명에 대한 감각이 이 정보를 제공하고 있는 겁니다. 하지만 이 감각은 고통뿐만이 아니라 잘 지내고 있다는 보통의 행복감 역시 제공해줍니다.

           아이의 생명 감각이 발달되지 않았을 경우에 어떻게 될 것인지 한번 상상해 보시겠어요? 고통은 위대한 스승입니다. 예를 들어, 계단에서 여러 번 굴러 떨어진 어린 아이는 이제 난간을 붙잡는 일을 배우게 될 것입니다.

부모: 생명 감각에는 육체적인 측면뿐만이 아니라 심리적인 측면도 있을까요? 예를 들어, 아이가 밤에 공포에 떨면서 두려워하는 시기를 겪고 있다면, 이 두려움 역시 생명 감각과 관련이 있는 건가요?

바바라: 이런 문제에 관해서, 우리는 생명 감각이나 다른 모든 감각의 육체적 측면만을 가지고는 절대로 이야기할 수 없습니다. 우리는 이 감각들을 따로따로 경험하지 않기 때문입니다. 모든 감각들은 서로서로 연결되어 있고 혼합되어서 함께 작동합니다. 그래서 지금 하신 질문에 대한 제 대답은 '그렇다' 입니다. 생명 감각은 심리적 경험도 역시 포함하고 있습니다. 어떤 이유건 간에 밤에 잠을 잘 못 잔 아이는 다음날 울기 잘하고, 신경질적인 아이가 될 수 있다는 사실을 우리는 경험을 통해 알고 있지요. 아이는 그냥 기분이 언짢은 거예요. 하지만 심하게 밤을 무서워하며 공포에 떠는 일은 다양한 이유 때문에 일어날 수 있습니다. 그럴 때는 소아과 의사에게 상의를 해보는 게 중요해요.

부모: 패터슨 부인께서 아주 좋은 지적을 해주셨어요. 우리 사회는 정보를 각각의 범주로 나누려는 경향이 있어요. 처음 부모가 된 우리는 아이에 대해서도 육체적인 면 아니면 심리적인 면으로 나누어서 생각하려는 경향이 있거든요.

바바라: 인간의 본성에 관해 슈타이너가 이야기한 바를 다시 살펴보는 일은 충분히 가치가 있는 일입니다. 슈타이너는 인간 존재가 네 겹으로 이루어진 본성을 지니고 있다고 이야기했어요. 우리가 보고 만질 수 있는 육체physical body, 이 물질적인 몸에 생명

을 불어넣어주고 우리 마음속에 떠오르는 이미지의 실체인 에테르체etheric body 혹은 생명체life body, 기쁨과 슬픔과 욕망을 느끼게 해주고 사고 능력을 부여해주는 아스트랄체astral body 혹은 영혼체(靈魂體)soul body, 우리들 각자에게 고유한 무엇, 우리가 "나"라고 부르는 것을 가능하게 해주는 매개물인 정신체(精神體)spirit body가 그것이지요.

우리 존재를 이루고 있는 이러한 측면들은 서로 스며들고 상호 의존합니다. 아스트랄체에 영향을 미치는 것은 다른 것들에게도 마찬가지로 영향을 미칩니다. 육체에 영향을 미치는 것은 생명 감각에도 영향을 미치고요. 그렇기 때문에 지금 질문하신 물음으로 되돌아가서 이야기를 하자면, 악몽을 꾸는 것은 행복한 느낌에 방해를 줄 수 있다는 것을 이해할 수 있을 겁니다.

부모: 아이들이 건강한 생명 감각을 계발할 수 있는 방법이 있을까요?

바바라: 건강하게 살아가는 일을 통해서 그렇게 할 수 있다고 봅니다. 또한 아이들이 감각들을 지나치게 혹사시키지 않도록 주의를 기울이는 일도 생명 감각이 잘 발달할 수 있도록 도와주는 방법이겠지요. 집에서 이루어지는 일정한 생활 리듬, 지나치게 달콤하지 않은 좋은 음식, 충분한 휴식, 날씨에 알맞은 옷을 입히기, 혼잡한 쇼핑센터에 가능한 데려가지 않기, 대중 매체에

노출되는 것의 한계를 정하기 등이 그 방법들이지요. 우리가 이미 논의했던 이러한 모든 일들은 아이들의 감각이 건강하게 발달할 수 있게 기여할 것입니다. 아이들의 감각을 지나치게 방해하지 않으면서 부드럽게 자극해준다면 건강한 방식으로 발달해갈 것입니다.

부모 1: 어떤 아이들은 어린 나이에 자신들의 욕구를 표현할 수 있지 않나요? 가령, "엄마, 나 배고파요."나 "엄마, 나 지금 자고 싶어요."라고 말하는 아이들을 보신 적이 있지 않나요? 이와 달리 자신의 욕구를 알아차리지 못하는 아이들도 있어요. 이 아이들은 자기들이 느끼는 모호하고 전반적인 불쾌감을 그냥 참을 수 없다고 생각하나 봐요. 그래서 징징거리거나, 형제자매들과 싸우거나, 보통 때는 그런 반응을 불러일으키지 않을 몇 가지 단순한 요구에도 저항감을 표시하곤 하잖아요.

부모 2: 아이들은 음식이나 잠자는 일에 관련된 문제에서 모두 차이가 있는 듯해요. 제 경우를 보면, 한 아이는 점심을 걸렀는데도 방과후에 여전히 아무렇지도 않은 아이가 있어요. 이와는 달리 큰 아이는 오후 세 시인데도 아직 점심 도시락을 못 먹었다면 분명 기분이 언짢고 기운이 없으리란 걸 예상할 수 있어요.

바바라: 그럴 때 아이에게 뭔가를 먹으면 곧 좋아질 거라고 애써 설명

해봤자 아무 소용이 없어요. 그냥 음식을 좀 가져와서 아이 앞에 놓아두세요. 그러면 아이는 그걸 먹을테고 그 다음에는 언짢았던 기분이 확 달라질 거예요.

부모: 어린 아기들은 배가 고플 때 울음으로 이야기를 하잖아요. 그런데 조금 컸는데도 아이들은 자기들이 배고프다는 것을 알지 못하나요? 또한 어린 아기가 울면서 표현하는 배고픔이라는 본능적인 감각은 어떻게 일어나나요?

바바라: 태어나서 처음 시기에 아기들이 우는 울음들은 강하고 본능적인 천성에서 나옵니다. 그 후 아이의 개성이 발달하고 생각하는 능력이 증가해감에 따라 이 본능적 힘들은 이전만큼 강하지 않게 되지요. 두 살이나 세 살 즈음이 되어 주위에서 일어나는 일을 둘러볼 수 있게 되면, 이제 아이는 더 이상 이전과 같은 식의 신호들을 보내지 않게 됩니다. 우리는 열이 나기 시작하는 표시인 어린 아기의 멍한 눈이나 너무 피곤하다는 표시인 아기의 칭얼거림은 잘 알고 있습니다. 하지만 아이가 자람에 따라 어른들이 이전처럼 아이들이 보내는 신호들을 잘 알아차리지 못하는 경우도 종종 있습니다.

부모: 이전에 이미 보행기나 유아용 그네를 사용했다면 어떻게 해야 하나요? 이미 아이의 감각이 발달하는 것을 방해했던 경우라

면, 그것을 치유할 수 있는 방법이 있을까요? 두 살 이나 세 살이 된 아이의 감각이 균형 잡히고 건강하게 발달하게끔 도울 수 있는 치유적인 방법이 있을까요?

바바라: 걷는 일은 아이가 운동감각 그리고 균형감각과 올바른 관계를 맺게끔 도와주는 멋지고 놀라운 일입니다. 공원이나 운동장에서 사다리 같은 것들을 기어오르는 일 역시 도움이 되고요. 돌 차기 놀이(땅에 그려놓은 네모진 칸 속을 돌을 차면서 차례로 뛰어가는 놀이-옮긴이)나 줄넘기도 도움이 될 것입니다.

부모 1: 우리 집 큰 아이는 보행기나 유아용 그네를 아주 좋아했어요. 그런데 아이는 걷기를 배우는 데 아주 어려움을 겪었답니다. 아이는 조금만 걸어도 쉽게 피곤해하고 무릎도 아주 약간이지만 잘못돼 있는 것 같아요. 저는 이러한 증상들이 얼마만큼이나 보행기나 유아용 그네에 책임이 있을까 종종 궁금해지곤 한답니다. 우리 아이는 대단히 먼 "우주 공간"에 있는 아이 같았고, 그래서 유아용 그네를 타면 자신이 날고 있다고 느꼈던 것 같아요. 물론 저로서는 그 당시에 아이가 그렇게나 좋아하는 일을 해주는 것이 나중에 문제가 될 줄은 전혀 몰랐어요.

부모 2: 아이의 운동 감각을 발달시키는 하나의 방법으로 발레나 조직화된 스포츠를 하는 것은 어떨까요? 어떤 부모들은 스포츠에

대한 아이들의 욕망이 너무 강하다고 느낄 정도랍니다. 심지어 세 살밖에 안되었는데도 그렇거든요. 그래서 부모들로서는 그런 조직화된 스포츠에 아이가 참여해도 좋다고 허락할 수밖에 없을 것 같아요.

바바라: 이 조직화된 스포츠들에는 아이들로 하여금 부자연스러운 움직임을 하게 만드는 것들이 포함되어 있어요. 그런데 아이들은 발레에서 하듯이 발끝으로는 세상을 자연스럽게 걸어 다닐 수가 없어요. 또한 축구 경기에서 어른들이 하는 방식처럼 다리와 발을 사용할 수도 없고요. 조직화된 스포츠들을 지나치게 많이 하게 되면, 아이가 일상적인 놀이를 하면서 달리고, 뛰고, 기어오를 때는 일어나지 않았을 방식으로 아이의 근육들을 발달시킬 수 있습니다.

제5장
창조적인
훈육의 방법들

        아이들을 훈육한다는 것은 무엇일까? 어린 아이는 모방하는 존재라는 우리의 시각에 맞추어 어떻게 아이들을 훈육할 수 있을까? 모방하는 존재들인 아이들은 어른들이 하는 일을 보면 따라하지 않을 수 없다. 아이들은 어른의 말을 따라하고, 어른의 행동을 흉내내고, 어른들이 불러주는 노래를 다시 부르면서 자기 주위에서 일어나고 있는 삶에 무의식적으로 참여하고 있다. 루돌프 슈타이너에 따르면, 이러한 모방은 아이들이 여러 가지 다양한 행동들을 배우는 것 이상의 깊은 의미가 있다고 한다. 즉, 모방은 아이들의 소화 과정에도 영향을 미치고, 신체

내부 기관들이 발달하고 기능하는 일에도 영향을 미친다고 한다.[1]

모방과 자기 수양

발달 과정상 모방하는 단계에 있는 아이는 자기 주위에 있는 모든 것들을 흡수한다. 그리하여 아이는 자신이 흡수한 것들을 원동력으로 삼아 의식의 가장 아래쪽에 있는 의지가 깊숙한 곳에서 활동하게 만든다.

태어나는 순간부터 어린 아이는 자기 주위에 있는 부모와 어른들에게 강한 영향을 받는다. 아이가 있는 곳에서 어른들이 무엇을 하는지가 아이의 성장과 발달에 중요한 부분이 되는 것이다. 아이 주위에서 어떤 행위를 규칙적으로 반복해서 하게 되면, 그 일은 아이들에게도 습관이 될 것이다. 본능적으로 아이는 어른의 행동을 따라하기 때문이다. 이 단계에 있는 아이는 누군가 하품하는 것을 보면 자기도 모르게 하품이 나오는 것과 같은 방식으로 모든 것들을 모방한다.

이 사실이 암시해주는 바는, 어린 아이들을 훈육하는 가장 효과적인 방법이 주위에 있는 어른들의 자기 수양과 관계가 있다는 사실이다. 에리히

---

1. 루돌프 슈타이너, 《영적인 학문의 문턱에서At the Gates of Spiritual Science》, 강의 6, 1906년 8월 27일, London: Rudolf Steiner Press, 1970.

2. 에리히 가비트, 《교육과 사춘기Education and Adolescence》, Ruth Pusch 번역, Hudson, NY: Anthroposophic Press, 1988.

148 *무지개 다리 너머*

가버트는 《교육과 사춘기》라는 책2.에서 선생님들에게 이 주제에 관해 이야기를 하고 있다.

아이는
본능적으로
어른의
행동을
따라한다.

아이 속에서 성장하고 발달하는 것은 선생님 속에서 성장하고 발달하고 있는 것에 주의를 기울인다. 그러므로 선생님은 스스로를 납득시킬 수 있는 만큼만 학생들을 설득할 수 있으며, 또 그만큼만 아이들을 가르칠 수 있다. 아이들을 교육하는 일과 자기를 교육하는 일은 결국 한 가지 일이고 같은 일이다. 이 사실을 알고 있으면 교육을 하는 데 있어 뭔가 불충분하다는 감정을 없애 버릴 수 있을 것이다. 문제는 선생님인 내가 얼마나 많이 나아갔고 얼마나 많은 것을 성취할 수 있는가가 아니라, 자기 수양을 위해 끊임없이 노력해야 한다는 사실이다. 나는 나 스스로를 설득할 수 있는 정도만큼만 아이들에게 뭔가를 줄 수 있기 때문이다.

《어린 시절의 왕국》[3]이란 책에서 루돌프 슈타이너는, 태어나서 일곱 살이 될 때까지의 아이는 진정으로 하나의 눈an eye이라고 말하고 있다. 만약 어떤 사람이 아이에게 혹은 아이가 있는 데서 감정이 폭발해서 불같이 화를 낸다면, 아이는 자신의 온 존재 속에 이 분노의 폭발이라는 이미지를 지니게 될 것이다. 그리하여 이 내적인 이미지는 아이의 혈액 순환과 신진 대사 과정에 영향을 미칠 것이다. 슈타이너에 따르면, 아이의 나머지 삶 동안에 이 결과들이 남아 있을 것이라고 한다. 아이 앞에서 우리가 하는 모든 일들은 아이에게 깊은 영향을 미친다. 꾸짖기, 위협하기, 소리지르기 등은 어린 아이들을 훈육하는 데 별로 도움이 되지 않는다. 이런 식의 접근은 실제로 나중에 어떤 상황을 다루어내는 아이들의 능력을 약화시킬 수 있다. 아이들은 이러한 부정적인 경험에서 충격을 받는다. 만일 이런 충격들이 규칙적으로 일어난다면, 아이들은 스스로를 보호하기 위해 장벽을 만들어낼 것이다. 그렇게 되면 아이들의 마음은 조금씩

---

3. 루돌프 슈타이너, 《어린 시절의 왕국The Kingdom of Childhood》, 강의 2, 1924년 8월 13일, Helen Fox 번역, Hudson, NY: Anthroposophic Press, 1995.

무감각해지며, 쉽사리 다가갈 수 없는 것처럼 보일 것이다.

우리가 장황하게 설교를 한다면, 아이는 실제로 그 내용을 듣고 있지 않을 것이다. 왜냐하면 우리가 발산하고 있는 화를 피하기 위해서 아이는 장벽을 쌓아야 하기 때문이다. 이 장벽이 생겨나면 아이는 우리가 하는 말을 알아듣지 못한다. 이런 상황에서 아이가 배우는 것은 똑같이 화를 내고, 다른 사람으로부터 자신을 소외시키고, 자신을 불쾌하게 하는 사람에게 설교하는 일일 것이다.

공간 다시 바로 잡기

발도르프 유치원에서 아이들이 뭔가 잘못된 행동을 하게 되면, 보통은 아이들의 "상태가 안 좋아진 것fallen out of the form"으로 간주된다. 이럴 때 그 환경 안에서 아이의 상태가 다시 좋아지게 만들 수 있는 방법은 무엇일까? 나는 이런 상황에서 일이 잘되게 하는 많은 방법을 찾아내었다. 예를 들어, 간식 시간에 아이가 너무 크게 떠들거나 지나치게 어리석게 군다면, 아이 뒤로 가서는 아이가 앉아 있는 의자를 똑바로 정리하고, 접시받침과 컵과 접시를 똑바로 잡아 놓는 일을 시작한다. 이런 일은 다른 말로 하자면 아이를 둘러싼 공간을 "다시 바로 잡는re-forming" 일이다.

만약 놀이 시간에 이런 일이 일어난다면, 제일 먼저 내가 하는 일은 마루바닥에 인형들이 함부로 놓여 있는지를 확인하는 일이다. 어린 아이들에게 인형은 인간 존재의 이미지를 갖고 있기 때문이다. 만일 마루바닥에 놓여 있는 인형이 부주의하게 아이들 발에 밟히거나 차이게 된다면, 아이들이 보게 되는 것은 무질서하고 혼란된 인간 존재의 이미지일 것이다. 인형들을 확인한 후에는 중심이 되는 놀이 공간을 "다시 바로 잡는 일"을 시작한다. 즉, 먼지를 쓸고, 선반을 정돈하고, 무질서하게 흩어져 있는 장난감들을 주어 올리는 일을 하는 것이다. 그런 다음에 아름답고 질서 있게 간식 테이블을 차리기 시작한다. 이렇게 하면 많은 경우, 교사가 뭐라고 말하거나 직접 관여하지 않고도 무질서한 행동들은 저절로 후퇴하게 되어서 조화를 찾게 될 것이다. 만일 어떤 아이에게 특별히 문제가 있는 경우라면, 나는 아이의 머리가 단정하게 빗겨져 있는지를 확인하고 흐트러진 머리를 매만져준다. 또 셔츠를 단정하게 바로 잡아주고 멜빵이나 허리띠를 다시 매준다.

아이들이 뭔가 위험한 일을 하고 있거나 다른 사람의 물건에 해를 입히고 있는 상황에서 우리가 "안 돼!"라는 말을 되도록 아낄 수 있다면, 꼭 필요한 상황에서 이 "안 돼!"라는 말이 아이들에게 보다 잘 먹혀들 것이다. 너무 자주 혹은 상황을 가리지 않고 함부로 "안 돼!"라는 말을 남용하

게 되면, 아이들은 곧 이 말을 무시하는 법을 배우게 될 것이다. 모든 상황에서 곧바로 "안 돼!" 또는 "그러지 말아라." 혹은 "그만 해라."라고 말한다면, 아이들은 놀이하는 것을 중단하고서 불필요한 자의식을 가지고 자신들이 하고 있는 일을 바라보게 될 것이다. 그 대신에, 소란을 부리고 있는 아이들에게 특정한 장난감을 가지고 놀 수 있는 일들을 말해주거나 놀이 방법을 보여준다면, 그러니까 아이들의 에너지를 다른 방향으로 돌릴 수 있다면, 아이들은 방해받지 않고 놀이를 계속해나갈 수 있을 것이다.

어느 날 나는 어린 아이들이 있는 우리 반에서 놀이하는 시간 동안에 간식 때 접시 밑에 깔 매트들을 다리미질하고 있었다. 어린 여자아이들 두 명이 뜨개질로 만든 동물들을 가지고 놀고 있었다. 그러다가 동물들을 공중에 던지기 시작했기 때문에, 나는 아이들에게 양털로 만든 공을 가져다주었다. 이 일은 잠시 동안 아이들의 주의를 다른 데로 돌리게 했고, 아이들은 곧 양털 공을 던지면서 놀기 시작했다. 나는 다시 다림질하는 일로 돌아갔다. 오래지 않아 아이들은 양털 공을 내려놓고 다시 동물들을 던지며 놀기 시작했다. 나는 다림질하던 일을 끝내고 다리미와 다리미판을 치워놓는 동안 그 아이들에게 계속 주의를 기울이고 있었다.

일을 마무리한 후에 나는 선반에서 나무로 된 커다란 동물 우리를 가져와서 동물들을 위한 집을 만들어보자고 제안했다. 그 여자 아이들은 마구간을 함께 만드는 것을 도왔고, 내 제안에 따라 동물들에게 여물과 물을 줄 적당한 사발들도 찾아내었다. 또한 여물로 쓸 작은 돌들과 견과류들도 가져왔다. 계속해서 우리는 마구간 옆에다 파란 색 천으로 강이 있는 배경을 만들고, 펠트로 만든 몇 개의 물고기까지 추가했다. 그 시점에서 나는 아이들의 놀이에 직접 관여하지 않고 뒤로 물러났다.

나는 "동물들을 그런 식으로 가지고 놀면 안 돼!"란 말을 전혀 하지 않고도, 그 아이들이 뜨개질로 만든 동물들로 긍정적인 놀이 방법을 만들어 낼 수 있도록 도와준 것이다. 내가 한 일은 아이들에게 동물들을 가지고 무엇을 *할 수 있는지*를 보여준 것이다. 이러한 상황과 해결 방식이 교실에 있던 나머지 아이들의 놀이 방식에도 영향을 미쳐서, 아이들의 놀이가 좀더 조화로워졌다는 사실을 발견할 수 있었다.

분명한 메시지들과 선택의 범위 정하기

우리가 아이들과 서로 소통하는 방식은 분명할 필요가 있다. 만일 아이들에게 질문 형식으로 뭔가를 지시한다면, 혼란을 만들어낼 수 있기 때문이다. "너의 외투를 거는 게 어떻겠니?" 혹은 "지금 옷을 입을래?" 혹은 "신발을 신어볼래?" 같은 말들이 포함하고 있는 메시지는, 우리가 요청한 것을 아이가 할 수도 있고 안 할 수도 있는 선택사항임을 암시하고 있다. 우리 집 아이가 여섯 살 무렵 때, 나는 이처럼 분명하지 않은 질문이 가져오는 결과가 어떤 것인지를 경험한 적이 있다. 어느 날 나는 아이에게 "너의 방을 청소하고 싶지 않니?"라고 말했다. 그러자 아이는 화가 나서 이렇게 말했다. "만약 내가 '아니요' 라고 말하면, 엄마는 나에게 화를 내실

거잖아요."

몇 년 전 학교에서 있었던 명절 축제 때, 아이를 혼란스럽게 하는 또 다른 유형의 질문을 들은 적이 있다. 한 어머니가 대략 두 살쯤 된 자기의 어린 딸에게 이렇게 물었다. "여기서 먹고 싶어? 아니면 집에 가서 먹고 싶어?" 꼬마 여자애는 대답하지 않았고, 어머니는 같은 질문을 되풀이했다. "여기서 먹고 싶어? 아니면 집에 가서 먹고 싶어?" 여전히 꼬마는 대답하지 않았다. 그때 아이의 아버지가 가까이 다가오자 어머니는 상황이 어찌 된 건지를 설명했다. 그러자 아버지는 어머니가 했던 질문을 그대로 되받아서 아이에게 다시 물었다. "여기서 먹고 싶니? 아니면 집에 가서 먹고 싶니?" 마침내 꼬마는 울기 시작했다. 그러자 그 어머니는 "아이가 피곤한가 봐요. 집에 갑시다."라고 말했다. 아이는 결정을 하라는 가족들의 요청에 분명히 마음의 부담을 느꼈던 것이다.

이와 비슷하게 어린 아이들에게 무엇을 먹고 싶은지를 묻게 되면, 아주 많은 메뉴가 있는 식당에 갔을 때 누구나 느낄 법한 감정을 경험할 것이다. 그런 결정은 어른인 우리에게조차 지나친 부담일 수 있는데, 하물며 어린아이는 말할 것도 없다. 우리 가족이 펜실베이니아 주에 있는 피츠버그 근처에서 아이들을 키울 때의 일이다. 그곳의 간선도로를 따라 여행을 할 때면 우리는 종종 호워드 존슨 식당에 들르곤 했다. 식당에서 아이들은 보통 아이스크림을 먹고 싶어 했는데, 특히 날이 더울 때는 더 그랬다. 나는 아이들에게 무슨 향이 첨가된 것을 먹고 싶은지를 물었다. 그 식당의 광고 문구에는 무려 스물여덟 가지 맛의 아이스크림을 제공한다고 쓰여 있었다. 아들인 폴은 우리가 그곳에 갈 때마다 이 스물여덟 가지 아이스크림의 이름 전부를 듣고 싶어 했다. 선택을 한다는 게 아이에게는 지나친 부담이었던 것이다. 왜냐하면 아이는 결국 늘 이렇게 말했던 것이다. "대충 나는 바닐라 아이스크림을 먹을 것 같아요."

무얼 입고 싶은지, 무얼 하고 싶은지를 묻는 일도 아이들 마음속에 이와 비슷한 감정을 불러일으킨다. "나는 이러저러한 것을 원해요."라는 말은 지나치게 빨리 아이들의 개성을 이끌어내는 측면이 있다고 나는 생각한다. 이렇게 되면 아이들은 점점 더 좋고 싫음을 의식하게 될 것이다. 그 결과, 뭔가를 먹고, 옷을 입고, 자러 가고, 엄마를 따라 가게에 갈 때마다 이 "나는 원해요."란 말이 아이들이 사용하는 중요한 어휘가 될 것이다. 이럴 때 사회적인 문제들이 발생한다. 우리 모두는 아이가 이 말을 하는 상황을 슈퍼마켓 등에서 목격하거나 그 장면을 아이와 연출했던 경험이 있을 것이다. 즉, "나는 과자, 사탕, 상자 안에 장난감이 들어 있는 특별한 시리얼을 원해요."

선택권을 주는 일은 결과적으로 아이가 자기만 생각하는 이기주의자가 되게 하는 원인을 제공할 수 있다. 즉, 자기중심적이고 다른 사람들의 욕구에 민감하지 못하게 만들 수 있는 것이다. 이렇듯 어린 아이들에게 선택권을 주는 일이 아이의 영혼에 독으로 작용할 수도 있으므로 신중해야 한다. 이런 아이들은 좀더 커서도 자신들 삶에서 요구되는 필요한 일들을 안 하고 싶어 할지도 모른다. 예를 들어, 학교 공부, 집안일, 텃밭일 같은 것을 안 하고 싶어 할지도 모른다는 뜻이다. 10대 아이들과 부모들이 벌이는 다툼들은 흔히 어린시절에 아이가 이런 식의 자기중심적인 성향을 갖도록 키워진 것의 직접적인 결과일 수 있다. 이런 방식으로 지나친 선택권을 제공받으며 키워진 아이보다 더 불안정하고 불만족스러워하는 아이는 없을 것이다.

부모들을 위한 강의에서 유진 슈바르츠Eugene Schwartz[4]는, 아침에 일어나는 순간부터 부모들이 제공하는 무수히 많은 선택권 때문에 생기는 딜레마를 다음과 같이 유머러스하게 묘사하고 있다.

잘 잤니, 얘야? 무엇을 입고 싶니?

소매 없는 잠바? 짧은 소매 달린 드레스? 아니면 긴 소매 드레스?
플레어 치마? 데님 치마? 아니면 꽃무늬 치마?
짧은 반바지? 카프리 바지? 등산용 반바지? 아니면 그냥 바지?

---

4. 경험이 많은 발도르프 학교 교사, 강연자, 저자이며 지금은 NY 주, Chestnut Ridge, Sunbridge College의 Waldorf Teacher Education의 학과장이다.

바지와 티셔츠라고. 좋아. 어떤 것으로 할래?

빨강? 파랑? 초록? 줄무늬? 체크무늬? 아니면 격자무늬 바지?
일직선 모양? 플레어 모양? 말려 올라간 것? 아니면 평범한 디
　　자인의 바지?
수영복 모양? 터틀넥? 짧은 소매? 아니면 긴소매 셔츠?
만화 캐릭터? 시리얼 상자의 영웅이 그려진 것? 아니면 아무
　　무늬 없는 셔츠?
100% 면? 면과 폴리에스테르 혼방? 아니면 면과 스판덱스가
　　혼합된 것?

아침을 먹자구나. 오늘은 무얼 먹고 싶니?

오렌지 쥬스? 넌출 월귤 쥬스? 포도 쥬스? 아니면 망고-귤-
　　구아바 쥬스?
땅콩? 꿀? 황설탕? 아니면 유기농 과일이 든 그라놀라?
2%? 1%? 두유? 크림? 아니면 저 지방으로 제공되는 요구르트?
일반 토스트? 계피 토스트? 영국식 머핀? 아니면 베이글?

　목록은 점점 더 길게 이어진다. 암송이 채 반절도 안 끝났는데, 자신들
의 모습을 인정할 수밖에 없는 부모들의 웃음소리 때문에 유진의 목소리
가 거의 묻혀서 안 들릴 것이다.

어떻게 우리가 이 올가미 속에 들어가게 되었을까? 어떤 이들은 어려서 아주 엄격하고 권위적인 훈육을 받으면서 자랐기 때문에, 자기 아이들에게는 그런 엄격한 훈육을 적용하고 싶지 않은 사람들도 있을 것이다. 하지만 이런 경우는 진동 추가 한쪽에서 다른 쪽으로 너무 멀리 가버린 것이다. 그 결과 아이들 삶에서 기초가 되는 규칙이 지나치게 적은 반면, 혼란은 지나치게 많은 상황이 빚어지게 된 것이다. 많은 아이들이 지나치게 부족한 규칙으로 말미암아 고통스러워하고 있다.

마법의 단어 : "해주면 좋겠구나(May)"

권위적이지도 않고 자유방임적이지도 않으면서 아이들에게 좋은 효과를 발휘하는 마법의 단어가 있다. 이 단어는 바로 *해주면 좋겠구나*이다. "너의 외투를 걸어주면 좋겠구나." 이 문장 안에는 아이의 의견을 물어보는 것도 무시하는 것도 포함되어 있지 않다. 오히려 '해주면 좋겠구나'란 단어 안에는 상대에게 특별한 권리를 부여하는 특성이 들어 있다. "너의 장화를 깔개 위에 놓아주면 좋겠구나."

부모들이 아이들에게 이렇게 말하는 것도 들을 수 있다. "너의 외투를 걸어주면 좋겠다." 문제는 그 다음에 "알겠지(OK)?"라는 말을 덧붙여서 앞서 한 말의 효과를 약화시킨다는 점이다. 이 "OK?"를 붙이는 이유는 뭔가 지나치게 요구하는 것처럼 보이는 상황을 부드럽게 하려는 노력일까? 그런데 이 "OK?"가 의미하는 바는 대체 무엇일까? 만약 이 "OK?"란 말을 덧붙이지 않는다면, 그 일을 할 필요가 없다는 의미일까? 그런데 아이에게는 선택권이 있을까? 아니면 선택권이 없을까? 이렇듯 이 상황은 아이에게 혼란과 불안정을 느끼게 할 수 있다. 아이는 자기 부모, 선생님, 자기를 돌봐주는 사람이 자신에게 가장 좋은 것이 무엇인지를 알고 있다고 믿을 때 가장 안심하기 때문이다.

우리 유치원에 다니는 어떤 여자애의 어머니는 다음과 같은 이야기를 나에게 들려주었다. 어느 늦가을 아침에 그녀는 아이들 둘을 유치원과 학교에 데려다 주려고 준비하던 참이었다. 보통 때처럼 법석을 떨면서 아침을 먹고, 도시락을 싸고, 아이들은 지금 가지 않으면 늦을 거라고 말하고 있었다. 그런데 밤사이에 기온이 눈에 띄게 내려갔기 때문에 어머니는 딸아이에게 방한 바지를 입을 필요가 있다고 말했다. 어린 딸은 그 바지는 안 입겠다고 반항했고 갈등이 일어났다. 늦을 것 같은 압박감 때문에 그녀는 자기 의견을 굽혀야 했지만 방한 바지를 팔 밑에 끼고서 아이들과 집을 나섰다.

함께 탄 자동차가 집에서 나온 지 얼마 되지 않아서 어머니는 뒷좌석에 앉은 딸이 살며시 우는 소리를 듣고 무슨 일인지 물었다. 어린 딸은 "나 추워요."라고 말했다.

그 다음에 무슨 일이 일어났을지는 충분히 상상해볼 수 있을 것이다.
"밖이 추우니까 따뜻한 방한 바지를 입을 필요가 있다고 내가 말했잖아." 어머니는 말했다. "그런데 너는 내 말을 안 들었잖니!"

꼬마 여자애는 가만히 듣고 있다가 이렇게 말했다. "하지만 엄마는 나의 엄마잖아요. 그러니까 나한테 가장 좋은 것이 무엇인지를 알고 있어야 하잖아요." 하여간 어머니는 차를 길옆에 세우고 아이가 방한 바지를 입는 걸 도와주었다.

이 문제를 좀더 확대해서 설명하고 있는 슈타이너에 따르면, 아이가 무엇을 해야 한다고 지시를 해준 다음에 이 지시를 다시 번복하는 일 만큼 아이에게 커다란 해를 끼치는 일은 없다고 한다.[5] 어른의 불분명한 생각 때문에 아이들에게 일어난 혼란이, 실제로 현대 문명에서 어른들 사이에 널리 유행하고 있는 소위 신경병의 실제 원인이라고 슈타이너는 지적하고 있다. 1923년에 그는 벌써 이 사실을 지적했던 것이다!

그런데 만약 아이가 해주었으면 좋겠는 일과 하지 말아야 할 것에 대해 우리가 이야기할 때, 아이가 발끈 짜증을 낸다면 어떻게 할 것인가? 이 상황에서 아이를 가장 잘 도와줄 수 있으려면 어떻게 반응해야 할까? 바로 우리가 고요히, 조용히, 중심을 유지하고 있으면, 아이는 이 태도를 흡수하여 다시금 안정을 찾게 될 것이다. 아이는 자신을 조절하기 위해 애쓰

---

5. 루돌프 슈타이너, 《교육과 현대의 영적인 삶Education and Modern Spiritual Life》, 강의. 6, 1923년 8월 10일, Blauvelt, NY: Steinerbooks, 1989, 105~119.

는 우리의 노력을 흡수하며, 이런 경험을 하면서 아이는 다시 조화롭게 된다. 만일 아이가 해야 하고 하지 말아야 할 이유를 대느라 지나치게 많은 설명을 하게 되면, 너무 이른 시기에 아이의 이성 능력과 지적인 능력을 일깨우게 된다. 그 결과 어린 시절의 꿈꾸고 있는 세계에서 너무 빨리 아이를 끌어내는 셈이 된다. 아이들은 우리의 설명을 모방하게 되고, 우리를 논리적으로 설득하려고 애쓰다가 점차 그 일을 너무나 잘 하게 될 것이다. 루돌프 슈타이너는 아이가 다섯 살 정도가 돼서야 옳고 그름에 대한 감각을 일깨우는 게 가능하다고 말하고 있다.

리듬

앞에서 우리는 리듬이 얼마나 중요한가 하는 점과 어린 아이들의 생활에서 리듬이 하는 역할에 대해 이야기를 했다. 리듬은 훈육을 하는 데 있어서도 아주 크게 도움이 된다. 심장 박동이나 태양이 뜨고 지는 일처럼, 우리 반에서 이루어지는 리듬은 아이들이 안전하고 조화롭게 지내도록 해준다. 매일 그리고 매주 되풀이되는 리듬을 따라 움직이다 보면, 외적인 활동을 하면서도 아이들의 내면에서 솟아나오는 것들을 만나게 될 것이다.

치유를 위한 활동

그런데 실제로, 아이가 수용하기 어려운 행동을 할 때 어떻게 간접적인 방식으로 그것을 다루어낼 수 있을까? 때리고, 물어뜯고, 할퀴고, 발로 차고, 침을 뱉는 아이들을 어떻게 다룰 수 있을까? 만약 손으로 누군가를 때린 경우라면, 아이의 손을 실크 천으로 감싼 다음 손이 따뜻해질 때까지 아이를 우리 곁에 앉아 있게 할 수 있다. 그리고 아이에게 "네 손이 따뜻해지고 튼튼해지면, 이 손은 더 이상 누구를 때리지 않을 거야."라고 말해준다. 발로 찬 경우에도 이와 같은 방식으로 한다. 친구를 물어뜯은 아이에게는 커다란 사과 한쪽이나 당근 한쪽을 주면서, 그것을 다 먹을 때까

지 선생님 곁에 앉아 있게 할 수 있다. 그러면서 "우리 입으로는 당근을 먹는 거지, 친구를 물어뜯는 게 아니란다."라고 말해준다. 누군가를 할퀸 아이에게는 치료용 바구니를 가져와서 아이의 손톱을 깨끗하게 잘라 주면서, "고양이들이나 할퀴는 거지 아이들은 그러지 않는단다."라고 말해준다. 침을 뱉는 아이는 화장실로 데려가서 변기에 침을 뱉도록 할 수 있다.

폭력적인 방식으로 놀이를 하는 아이에 대해서는 어떻게 해야 할까? 부모들은 종종 이런 유형의 아이와 집에서 한바탕 난리법석을 떨곤 한다. 이런 법석을 떨고 난 아이는 "자기의 폭력적인 방식에서 빠져나올" 것이다. 아이들의 마음은 쉽게 비워질 수 있는 그릇 같은 것이어서 이 그릇 안에 폭력적인 놀이를 저장해놓지는 않는다. 그러므로 아이가 실제적인 일을 하게 되면 폭력적인 놀이를 고칠 수 있을 것이다. 가령, 텃밭에서 일하기, 구멍 파기, 돌 나르기, 통나무 나르기 같은 일들을 하게 하는 것이다. 목적이 분명한 이런 일을 해나가다 보면 아이의 혼란스런 의지가 점차 조화를 이루어갈 것이다. 수영하기, 오래 걷기, 겨울에 눈으로 하는 놀이 같은 신체를 사용하는 많은 운동들 역시 도움이 된다.

당연한 행동

두 살에서 네 살 사이의 아이들은 때로 심한 옹고집을 부릴 수가 있다. 이 시기 동안 어른들은 아이들의 부정적인 반응들을 약간 너그럽게 봐주는 것이 가장 좋다. 아이가 고집을 피울 때는 화를 내지도 말고, 지나친 설명도 하지 말고, 그냥 아이와 함께 가서 아이가 했으면 싶은 일을 하게끔 도와주는 게 좋다. 아이가 성장하고 있다는 것을 믿어야 한다. 하지만 할 필요가 있다고 당신이 분명히 말한 것을 아이가 이리저리 회피하도록 내버려두지는 마라. 그렇지 않으면 아이는 당신의 약한 부분을 찾아내고는, 계속 반복해서 "당신의 그 지점을 누를 것이다."

올 가을에 초등학교에 들어갈 나이가 되어서(미국은 우리나라와 달리 가을에 새 학년이 시작된다. —옮긴이), 이제 좀더 엄한 방식의 규칙을 따라야 하는 도전이 기다리고 있는 약간 큰 아이가 유치원 반에 있는 경우에는, 때로 어른이 한 발 뒤로 물러나서 아이에게 작은 여지를 주는 것이 가장 좋을 것이다. 내 경우는, 아이가 할 필요가 있는 일을 분명히 말해준 다음에, 내가 하고 있는 일로 돌아와서 멀리서 아이에게 주의를 계속 기울인다. 오랜 시간 동안 끈기 있게 기다리는 것이 나의 습관이며 끝까지 그럴 것임을 아이가 알게 되면, 아이는 보통 내가 한 말에 반응하여 그 일을 하게 된다. 특히 아이가 자기 주위에서 어른이 보내는 따뜻함과 사랑을 느낄 때면 더욱더 그러하다. 이렇게 하는 것이 말과 의지로 아이와 갈등을 일으키는 것보다 훨씬 효과가 좋다.

선생님들과 부모들은 이야기를 아주 잘 들어주는 사람이어야 한다. 만일 자기 반 아이들이나 형제자매들과 어려움을 겪고 있는 경우라면, 무슨 일이 일어났고, 자기가 어떤 기분인지를 아이가 설명할 때, 어른이 온전히 주의를 기울이면서 진심으로 아이 말을 들어준다면 정말 도움이 될 것이다. 그런 다음에 이렇게 말하는 것만으로 때로는 충분할 것이다. "네가 그것을 안 좋아한다고 조니에게 말하는 게 좋겠구나."

예전에 훈육에 관한 주제로 부모들과 저녁 모임을 마치고 난 후에 생긴 사건이 하나 기억난다. 모임에 활발하게 참여했던 부모들은 내가 한 제안 들을 고마워하는 것처럼 보였다. 그날 밤 우리는 훈육에 관해서 활발히 토론했고, 나로서는 모임이 잘 되어서 기뻤다.

그런데 바로 그 다음날 아침, 우리 반의 네 살짜리 여자애 둘이 작은 놀이집이 있는 곳에서 함께 놀고 있었다. 그러다가 갑자기 그 아이들 사이에서 큰 말다툼이 일어났다. "우리 아빠는 너희 아빠보다 더 좋은 집을 만들 수 있어."란 소리가 들렸다. 이 아이의 아버지는 실제로 건축가였다. 다른 여자애도 자기 아빠가 더 좋은 집을 만들 수 있다고 소리치기 시작했다. 그런 다음 "선생님한테 가서 말할 테야!"란 소리가 들렸다.

두 여자애는 내가 여섯 살짜리 아이와 함께 공부하고 있는 탁자로 달려왔다. 화가 난 두 여자애는 무슨 일이 있었는지 시시콜콜한 이야기를 동시에 쏟아내면서 서로를 비난하기 시작했다. 이 불꽃을 끄기 위해 내가 무슨 말을 해야 할지 혹은 어떤 일을 해야 할지를 생각하면서 나는 아이들의 말을 주의 깊게 들었다. 전날 저녁에 훈육에 대해서 이야기했던 사람이 바로 내가 아니던가! 하지만 그 순간에는 어떤 영감도 떠오르지 않았다. 나는 마음속으로 무기력함을 느꼈고, 전날 밤에 느낀 감정과는 다르게 약간 위축감을 느꼈다.

그러고 있는데 내 옆에 앉아 있던 여섯 살짜리 남자애가 아주 차분한 목소리로 "아, 그래, 가서 다시 시작해봐."라고 말했다. 꼬마 여자애 둘은 서로를 바라보다가 "알았어."라고 말하고는 뒤돌아서 작은 집이 있는 곳에 가더니 다시 놀이를 시작했다. 그저 자기들의 이야기를 들어주었을 뿐인데, 아이들은 여섯 살짜리 아이의 간단한 해결책을 받아들여서 다시 평화를 되찾은 것이 분명했다.

아이가 소꿉놀이나 다른 "가사일"을 하기 위해 대충 쓸 만하다고 여겨지는 장난감 이외에도 조약돌이나 접시들을 원하는 상황이 있을 것이다. 그럴 때면, 나는 아이에게 큰 그릇이나 바구니를 들려주고는, 이웃의 "문"을 두드려서 접시나 조약돌을 빌려달라고 요청하게 한다. 이런 요청은 거의 거절당하는 일이 없는데다가 보통은 긍정적인 반응을 얻을 것이다.

그러면 "고자질 하는 일"에 대해서는 어떻게 해야 할까? 이런 일이 자주 일어나는 문제라면, 고자질하는 아이에게 문제가 생기거나 다른 아이들과의 사회적인 관계가 안 좋아질 것이다. 이런 아이들을 어떻게 도울 수 있을까? 우리는 이런 아이들을 우리가 하고 있는 일에 끌어들이는 방식을 쓴다. 즉, 아이에게 벌을 주는 방식이 아니라 아이가 특별한 활동에 초점을 맞춘 선생님의 창조적인 힘을 느끼게 해주는 것이다. 우리가 바느질을 하고 있는 경우라면, 고자질하는 아이가 왔을 때 예쁜 천 조각을 찾아내어서 아이 역시 뭔가를 만들어보게 할 수 있다. 접시를 닦는 일도 그런 상황에서 아주 훌륭한 치유책이 될 수 있다. 따뜻한 물을 부어서 자기들이 그림 그릴 때 사용했던 작은 아기용 그릇을 비눗물로 이리저리 씻는 일은 아이들에게 아주 재미있는 일이어서 일시적인 화를 부드럽게 가라앉힐 수 있게 도와줄 수 있다. 빵 굽는 일 역시 멋진 치유 방법이다. 빵을 굽는 아이들은 반 전체를 위해 재료의 양을 재고, 휘젓고, 반죽을 빚어 만드는 일에 복합적인 노력을 기울인다.

긍정적인 태도

때로는 아이를 잠시 동안 흔들의자에 그냥 앉아 있도록 해야 할 때도 있다. 또 아이가 피곤해 하는 게 분명하면, 소파 위에 베개와 면으로 된 천들로 이불을 준비해서 아이에게 침대를 만들어줄 수 있다. 이때 보통은 한 무리의 "간호사들"이 소파에 누워 있는 아이를 돌보기 위해 주위에 모여든다. 그러면 아이는 다시 놀이 속으로 얽혀들어 간다. 이렇듯 아이들을 비난하고, 꾸짖고, 헐뜯는 일은 아무런 도움이 되지 않는다. 이런 부정적인 비난이 정기적으로 일어나게 되면, 아이는 겉보기에는 수동적인 방식으로 우리를 회피하거나 공격적인 아이가 될 수 있다. 아이가 자신에 관해 좋은 느낌을 갖게 하는 데는 긍정적이고 격려하는 말들이 항상 더 효과적이다.

안내하기

아이들 훈육을 도와주는 가장 훌륭한 방법은 교사가 수행하는 영적인 작업으로부터 나온다. 이 일은 이전에 이야기했던 자기 수양의 한 부분이다. 수년 동안 나는 선생님으로서 다음과 같은 경험을 해왔다. 즉, 잠자리에 들 때 우리 반에 있는 어떤 아이의 어려움을 떠올리면서 그 아이의 수호천사에게 도움을 구하면, 흔히 다음날 나에게 그 아이와 관련된 알맞은 생각과, 알맞은 말과, 알맞은 행동을 어떻게 할 것인가가 떠오르곤 했다. 덕분에 나는 아이의 잘못을 바로잡을 수 있는 일들을 적절하게 할 수 있었다. 그러면 아이들이 잘 발달하고 최선의 가능성을 펼칠 수 있는 기회를 주는 셈이다.

결론

이 장을 끝마치면서, 나는 '부모-아이 교실'에 참여했던 한 어머니와 그녀의 두 아이 사이에서 있었던 상황을 설명하고 싶다. 큰 아이는 제멋대로이고 기운이 넘치는 세 살짜리 사내아이였고, 아이의 남동생은 태어난 지 6개월 정도 된 아기였다. 부모들과 토론을 하는 시간 동안 나오는 이야기들 중에서 아이들의 훈육 문제는 영원히 되풀이되는 주제였다. 그래서 선생님과 부모들인 우리는 두 살에서 세 살 나이에 나타나게 되는, 흔히 부모나 선생님에게 아주 도전이 되는 아이의 의지를 어떻게 다룰 수 있는지에 관해 서로 이야기를 나누게 되었다. 이 토론의 결과로 나는 부모 모임을 제안했고, 주제는 "태어나서 일곱 살이 될 때까지 아이의 의지를 안내하기"였다.

얼마 지나지 않아 우리는 모임을 시작했다. 모임에서 앞서 이야기했던 두 아이의 어머니가 그날 무슨 일이 있었는지를 자세히 이야기했다. 그날 오후에 그녀는 외출삼아 아이들을 공공 도서관에 데려갔다. 도서관에 도착하자마자 세 살짜리 아이는 모든 일과 모든 사람들을 방해하면서 좌석 사이의 통로를 이리저리 야단스레 뛰어다니기 시작했다.

이 상황에서 그 어머니가 무엇을 했을까? 그녀는 유모차에 있는 아기를 돌보느라 자유롭게 큰 아이를 뒤쫓아 갈 처지가 못 되었다. 그녀가 아이를 불렀는데도 아이는 모른 척 무시했다. 그래서 그녀는 아기가 타고 있는 유모차를 한 옆으로 세워놓고 큰 아이를 뒤쫓아 갈 결심을 했다. 큰 아이는 이 일을 대단한 게임으로 생각해서 계속 도망다녔다. 마침내 그녀가 아이를 따라잡아서 붙들자, 아이는 벗어나려고 몸부림치고 버둥대면서 큰 소리로 반항했다. 간신히 그녀가 유모차에 타고 있는 아기한테로 돌아와 보니, 몇몇 어른들이 유모차 주위에 모여 있었다. 그들은 아기가 버려져 있는 것으로 추측하면서 경찰을 부를지에 대해 이야기하고 있는 중이었다.

그때쯤 아이 어머니는 아주 흥분한 상태였다. 자기 팔에 붙들려 있는 세 살짜리 큰 아이는 여전히 계속 발버둥치고 있었고, 이 소란과 흥분된 장면에 이끌려 사람들이 더 많이 몰려들었다. 그녀는 몰려든 사람들에게 자신이 이 아기의 엄마이며, 절대 버려진 아기가 아니라고 큰 소리로 설명해야 했다. 그런 다음 할 수 있는 한 재빨리 도서관을 떠나서 집으로 돌아왔다. 집에 온 그녀는 근무 중인 남편에게 전화를 걸어 자신의 좌절감을 쏟아내었다. 그녀는 남편이 지금 당장 집에 와서 아이들을 맡아줘야 한다고 말했다. 좌절감 때문에 그녀는 이러지도 저러지도 못하는 상황에 처한 것이다.

그녀의 남편은, 몇 시간 후에 그녀가 학교에서 열리는 부모 저녁 모임에 참여할 것 아니냐고 부드럽게 일깨워주었다. 그러면서 조금만 더 견뎌내 달라고 부탁했다.

그날 저녁 모임에서 그녀가 이 이야기를 들려주자, 그녀의 상황을 너무나 잘 이해할 수 있는 우리들은 아낌없는 격려와 공감을 보내면서 그녀를 위로해 주었다. 모든 부모들은 자신의 신경이 닳아 해지고, 에너지가 고갈된 것 같은 상황들을 겪은 적이 있을 것이다. 그리고 부모 노릇이라는 이 도전을 이겨내는 데 있어서 어쩌면 자신은 적합하지 않은 것 같다고 느낀 적도 있을 것이다. 이러한 어려움들과 도전들을 함께 나누는 일을 통해서 선생님과 부모들은 서로서로 격려를 받는 느낌을 갖게 되며, 서로의 경험으로부터 어떤 통찰을 얻을 수 있을 것이다. 이럴 때 부모들이 기억해야 할 것은 자기 자신을 너무 엄격하게 대하지 말아야 한다는 사실이다. 중요한 것은 우리가 애쓰고 노력하는 일이며 아이들 역시 우리의 노력을 보면서 이로움을 얻을 것이다.

내가 믿는 바로는, 참된 훈육이란 부모들의 자기 성찰과 자기 수양을 어린 아이들이 모방하게 하고, 그 일을 통해 어린 아이들을 안내하는 것이다. 아이들의 상상력을 북돋울 수 있는 알맞은 놀이 공간을 만들고 유지하는 일도 이런 일들 중의 하나이다. 또한 아이의 선택 범위를 제한하고 분명한 메시지를 보내어 아이들과 의사소통하는 일, 매일 일관되게 이루어지는 리듬을 세우는 일, 아이의 화를 풀어주기 위해 실제적인 일을 하게 하는 것, 그리고 긍정적인 태도를 보여주어서 아이들이 자기 존중심을 세우게 하는 일 등이 모두 여기에 포함된다.

부모들의 질문들

부모: 당신이 말한 모든 것들은 대단히 이치에 맞는 말입니다. 하지만 몇 명의 어린 아이들이 있는 부모인 저로서는 한 발 뒤로 물러서서, 아이들과의 불쾌하고 불행한 상황을 줄일 수 있는 변화를 어떻게 우리 가정 안에 만들어낼지를 알아낼 시간을 갖기가 어렵답니다. 저는 여전히 부모 노릇을 하는 일과 관련해 깊은 수렁에 빠져 있는 듯해요.

바바라: 모든 부모들은 가정에서 아이들과 어려움을 겪는 날들이 있습니다. 이럴 때 아이들이 잠들고 난 후, 그날 있었던 일들을 되

돌아보게 되면 도움이 될 것입니다. 이 시간에 스스로 이렇게 물어볼 수 있어요. "무엇 때문에 그런 일이 발생하게 된 걸까?" 사려 깊게 성찰하는 방식으로, 이 상황에서 당신이 무엇을 배울 수 있는지를 물어보세요. 다음에 이런 일이 발생하지 않도록 하기 위해 어떤 조치를 취하며 앞으로 나아갈 수 있을까요? 물론 이 성찰이 오늘 일어났던 일에는 도움이 안 될 겁니다. 하지만 아이들은 비슷한 범주의 도전들을 계속 반복해서 보여주는 경향이 있기 때문에, 비슷한 상황이 다시 일어날 수 있습니다. 아이들은 우리의 약점이 무엇인지를 알아내서, 어떻게 "우리의 단추를 누르는지" 그 방법을 알고 있답니다. 다음에 비슷한 상황이 다시 일어날 때, 그것을 보다 좋은 방향으로 돌리기 위해서는 우리에게 다가온 특별한 도전들을 사려 깊게 성찰하는 일이 아주 도움이 될 것입니다.

부모: 우리 집에는 세 명의 어린 아이들이 있어요. 우리는 모두 함께 밥을 먹기 위해 식탁 앞에 앉는 일이 아주 힘듭니다. 밥 먹는 일이 전혀 기쁘지가 않아요.

바바라: 이 시기는 곧 지나갈 것입니다. 아이들이 너무 어릴 때는 식사 시간 동안에 평화로운 분위기를 유지하기가 어려울 수 있어요. 그렇지만 당신이 노력해서 나아가고자 하는 이상을 꼭 붙드세요. 가령, 꽃과 식탁보 등으로 식탁을 멋지게 차려보세요. 아마

도 평화로운 분위기는 겨우 몇 분 정도만 지속되겠지만 그게 시작인 셈이지요. 이제부터 작은 변화들이 일어날 거라는 믿음을 가져야만 합니다. 그것만으로도 정말 충분해요.

부모 1: 저는 당신이 한 강연에 참여하고 난 후에 우리 딸에게 "해주면 좋겠구나."란 말을 사용하기 위해 노력하고 있어요. 정말 아주 효과가 좋았어요! "지금 청소를 해주면 좋겠구나."라고 딸에게 말하는 거지요. 이 말은 "이걸 좀 어떻게 치워줄 수 있겠니? 내가 막 바닥을 청소했거든!"이라고 말하는 것보다 훨씬 효과가 좋았어요. 딸아이는 내가 부탁한 대로 했어요. 아주 근사했어요.

부모 2: 아이들이 "엄마가 했던 방식 그대로" 소리치는 것을 받아들일 수 있을까요? 아니면 그 가족의 문화나 습관과 상관없이 소리지르는 일은 언제나 해롭고 안 좋은 일인가요?

바바라: 소리지르는 일은 어떤 아이에게든 항상 해가 된다고 저는 믿고 있어요. 가정에서 누군가 소리를 지른다면, 아이는 자신을 보호하기 위해 자기 영혼을 무감각하게 만든답니다. 고함치는 소리가 자기 속으로 너무 깊이 들어오지 않도록 하기 위해서 자신을 방패로 감싸는 셈이지요. 그 결과로 부모와 선생님인 우리가 아이에게 뭔가를 말할 때, 그 말이 아이에게 전달되지 않

는다고 느끼게 되는 겁니다.

부모: 한시도 가만히 있지 못하고 놀이에 몰두하지도 못하는 아이의
         경우는 어떤가요? 어떤 날에는 그냥 벽을 쾅쾅 치고 다닐 정도
         로 지나치게 활동적인 남자애의 경우는 어떻게 하면 좋을까요?

바바라: 그런 아이를 당신이 하고 있는 일에 참여시키는 것이 어쩌면
         어려운 도전이 될 수도 있습니다. 하지만 이 아이들에게는 실
         제적인 일을 하도록 하는 게 아주 중요합니다. 아이들은 그저
         시간을 때우기 위한 일과 진짜 실제적인 일에 차이가 있다는
         사실을 알고 있답니다.

         만약 접시를 닦는 일이나 저녁 준비로 과일과 야채를 자르는
         일 등에 아이를 참여시킨다면, 당신이 하고 있는 실제적인 일
         을 아이가 보고서 모방할 수 있는 시간을 주는 셈이지요. 이 모
         방은 나중에 아이가 혼자서 혹은 다른 아이들과 다시 놀이를
         할 수 있게끔 해줄 것입니다. 실제적인 일은 혼란스런 아이의
         의지를 붙잡아서 질서를 부여해주기 때문입니다.

         우리 집에서 유치원을 열고 있을 때, 집 정원에는 없애버릴 필
         요가 있는 늙은 나무 한 그루가 있었어요. 아이들은 제 남편을
         도와서 이 일을 할 수 있게 된 것을 아주 기뻐했지요. 이 일에

**흙을 다지기
위해 구멍의
가장자리를
빙빙 돌며
뛰어다니는
일은 아이들에게
매우 만족스러운
일이다.**

는 아이들이 참여해도 안전한 단계가 있었거든요. 아
이들은 작은 양동이에 흙을 가득 채워서는, 나무를
벤 후에 남은 묵직한 뿌리들을 묻기 위해 남편이 파
놓은 커다란 구멍에다 이 흙을 갖다 붓는 일에 완전
히 몰두했어요. 그런 다음에 "발을 꽝꽝 구르며 춤추
는 사람들"이 된 아이들은 흙을 다지기 위해 구멍의
가장자리를 빙빙 돌며 신나게 뛰어다녔어요. 이 일을
하면서 아이들이 얼마나 즐거워했는지 모른답니다.

이따금씩 수레를 타고 미는 일 역시 남편이나 아이들

에게 아주 많은 즐거움을 안겨주곤 했어요. 이 일을 하고나면 아이들의 옷은 더러워지기 일쑤였지만 부모들 중 어느 누구도 옷이 더러워졌다고 불평하는 사람은 없었지요. 이 나무 치우는 일은 우리 유치원에 다니는 아이들이 있는 많은 집에서 저녁 식사 시간에 중요한 화제가 될 정도로 아이들에게 대단히 만족스러운 일이었답니다.

그 당시 저는 매일 아침 둥그렇게 모이는 시간에 나무꾼에 관

수레를 타고
미는 일은
아주 즐겁다.

련된 노래들이나 시들을 아이들에게 많이 소개해주었어요. 이 노래들은 나무와 관련된 일에 예술적인 특성을 부여해주거든요. 당시에는 유치원 전체가 나무를 자르거나 그와 비슷한 정원 일을 하고 있는 걸로 보일 정도였어요.

부모: 요즘 아이들에게는 이전보다 훈육이 좀더 필요하지 않을까요? 요즘 아이들은 이전과는 달리 누구나 받아들일 수 있는 행동 규칙들을 잘 따르지 않는 것처럼 보여요. 이것은 지금 우리가 이끌어가고 있는 생활 방식 때문에 생긴 결과일까요?

바바라: 오늘날을 살고 있는 아이들은 이전 세대들보다 훨씬 큰 도전들에 노출돼 있다고 저는 믿고 있어요. 제가 자랄 때보다 세상이 훨씬 좁아져버렸거든요. 예전에는 가족생활, 공동체, 시골 생활의 전통들이 아이들과 젊은이들의 행동에 아주 큰 영향을 미쳤지요. 우리 어머니 세대는 자동차를 운전하지 않았어요. 그래서 아버지가 일하러 간 낮 시간 동안에 우리가 차를 타고 아무데나 돌아다니는 일은 없었어요. 어딘가를 꼭 가고 싶다면 걸어서 가곤 했지요. 우리 집에는 텔레비전도 없었어요. 그래서 뭔가 오락거리가 필요하면 우리 스스로가 재미있는 일들을 만들어내야 했어요.

하지만 시간을 거꾸로 되돌릴 수는 없는 노릇이지요. 많은 사람들이 그걸 원하지도 않고요. 그러므로 빠르게 변화하고 있는 이 현대 문명 속에서 자라나고 있는 아이들에게 우리가 관심을 갖고 배려해 주어야 해요. 현대 기술 문명은 아이들의 어린 시절을 빼앗아가 버릴 수도 있기 때문입니다. 텔레비전과 영화의 영향, 고도로 세련된 광고 기술, 세계 어디로든 여행할 수 있는 상황 등으로 인해서 아이들이 경험하는 세계가 넓어졌어요. 당연히 아이들은 집 안에서보다 집 밖에서 더 많은 경험을 하게 되고, 부모들은 점점 더 아이들을 잘 다루지 못하게 되는 거지요.

비록 우리 아이들은 텔레비전을 보지 않고 컴퓨터를 사용하지 않는다고 할지라도, 그런 걸 하고 지내는 다른 아이들과 어울려 놀기도 할 거예요. 또는 자기 친구들이 부모에게 공격적으로 반응하거나 심지어 거짓말하는 것을 경험할 수도 있고요. 그러면 아이도 집 밖에서 그걸 한번 해보고 싶어 할지도 몰라요. 이런 일들에 관해서 손쉬운 해결책은 없지만, 일관되게 훈육을 하고 건강한 가정생활을 꾸리는 것이 분명 도움이 될 거라고 생각해요. 모든 아이들과 어른들 안에는 자신들을 보호해주는 수호천사가 있어서 운명이 이끄는 것들과 만났을 수 있도록 안내해준다고 저는 믿고 있어요. 이러한 도움을 신뢰한다면, 우리는 부모 노릇하는 일에 영적인 힘을 부여할 수 있을 테고, 그러면 아이들도 이 힘을 느낄 거예요.

부모: 부모가 어린 시절도 그랬고 살아오면서도 자기 수양이 부족했다면, 이런 경우에 아이들을 키우면서 어떻게 부모는 자신을 성장시킬 수 있을까요? 사실 저에게는 아이들에게 좋은 역할 모델이 될 수 있도록 자기를 성찰하고 성장시키는 힘이 부족한 것 같아요.

바바라: 자신을 성찰하고 성장시키는 일을 시작하는 데 너무 늦었다는 말은 있을 수 없습니다. 인생은 우리에게 수많은 기회들을 선사해주고 있어요. 우리 아이들 역시 우리가 하는 이러한 노력들로부터 이로움을 얻게 된답니다.

부모: 요즘 출판되고 있는 많은 책들을 읽어 보면, 아이들에게 선택의 기회와 권한을 제공해주라고 쓰여 있어요. 그래서 어릴 때부터 이런 선택의 권한을 주면서 아이들을 키워왔을지라도, 이제부터는 아이들의 선택권을 취소해야 한다고 제안하시는 건가요?

바바라: 처음에는 선택의 범위를 분명히 정하는 일부터 시작할 수 있어요. 예를 들어, 빨강색 옷과 파랑색 옷 중에서 아이가 선택하게 하는 거지요. 특히 아이가 이전에 많은 일들에서 선택의 권한을 누려왔다면, 범위를 정하는 일은 더욱더 필요하다고 봅니다. 아이들에게 끝이 없는 선택권을 주는 일은 결과적으로 자

기중심적인 아이로 만들 수 있어요. 좋아하는 것과 싫어하는 것, 원하고 원치 않는 것들을 늘 선택하라고 하면, 아이는 자신에게 지나친 주의를 쏟게 되어서 결국 이기주의자가 될 수 있기 때문입니다. 만약 어른이 아이들에게 무얼 먹고 싶은지, 무얼 입고 싶은지, 무얼 하고 싶은지를 항상 묻는다면, 아이들은 자기 자신에게 더욱 관심의 초점을 맞추게 되어서, 그 결과로 다른 사람들의 욕구에 관심을 보일 준비가 안 될 수도 있어요.

부모: 아이들을 비난하지 않고 격려를 해주는 방식으로 어떻게 이야기를 할 수 있을까요?

바바라: 아이들을 훈육하는 일이 우리의 화를 뿜어내는 배출구가 되어서는 절대로 안 됩니다. 하지만 아이들이 자람에 따라 스스로를 성찰하고 단련시키게끔 아이들을 안내해주는 훈육 방식은 필요하다고 봅니다. 이럴 때 항상 아이들의 긍정적인 면을 보면서 훈육해나가야 합니다. 우리는 아이들이 루돌프 슈타이너가 말한 "자기 자신의 삶에 스스로 목적과 방향을 부여할 수 있는 자유로운 인간 존재"로 자라기를 원하니까요.

제6장

바바라와 함께 하는
'부모-아이' 교실

지난 3년 동안 나는 일리노이 주의 에반스톤에 있는 그레이
트 오크스 학교의 '부모-아이' 교실에서 가르치는 일을 해왔
다. 이 학급은 두 살 반에서 네 살 사이의 아이들을 위한 교실인데, 일주일
에 한 번, 두 시간씩 아이들은 부모와 함께 이 수업에 참여한다. 교실 환경
은 부모 없이 참여하는 세 살에서 여섯 살까지의 아이들을 위한 발도르프
유치원과 비슷한 방식으로 꾸며진다.

몇몇 부모들에게 이 일은 발도르프 교육을 처음으로 경험하는 일이 된

다. 이 프로그램에는 부모들이 질문할 수 있는 기회들과 선생님들이 하는 일을 관찰함으로써 발도르프 교수법에 대해 좀더 배울 수 있는 기회들이 들어 있다. 선생님들은 아침 시간을 리드미컬하고 질서 있게 이끌면서, 아이들이 색칠하기나 수채화 그리기, 밀랍으로 모형 만들기 같은 예술 활동을 할 수 있도록 안내한다. 아이들은 또한 빵 만들기, 식탁 차리기, 그릇 씻기, 수업이 끝난 후에 청소하기 같은 실제적인 일들에 참여한다. 이러한 간단한 활동들에 모두가 기쁨과 열의를 가지고 참여하는 일은 부모들과 선생님들과 아이들 사이의 유대감을 북돋아 인간관계를 풍요롭게 해주는 역할을 한다.

아침 시간은 보통 9시 30분에 시작한다. 9시 45분에는 함께 둥그렇게 모이는 시간을 갖는다. 이 시간에는 계절 노래들, 운율이 맞는 동요들, 시들을 통해 간단한 이야기들이 펼쳐진다. 이때 머리에서부터 발끝까지 우리 몸 전체가 참여하는 동작들이 곁들여져서 활기를 띠게 된다. 시나 운율이 맞는 시구에 새로운 단어가 나오더라도 아이들은 비교적 쉽게 이해할 수 있으며, 그러면서 아이들의 언어 능력이 향상되어 간다. 둥그렇게 모이는 시간 다음에는 자유 놀이 시간이 이어진다. 인형들을 먹이고 돌보는 놀이가 주로 이루어진다. 또 놀이용 나무판자와 면으로 된 천과 커다란 빨래집게로 집을 만들기도 한다. 나무로 된 동물들이나 뜨개질해서 만든 동물들, 여러 가지 모양의 나무토막들과 천 조각들을 함께 이용한 놀이 장면들이 마루 위에서 펼쳐진다. 놀이에서 이용하는 장난감들은 대부분이 모양이 정해져 있지 않은 장난감들이어서 아이들의 상상력을 자극할 수 있는 많은 여지를 남겨준다.

놀이용으로 만든 나무 위의 집이나 성은 아이들 사이에 상호작용이 이루어지는 놀이를 하도록 자극하는 역할을 한다. 이런 놀이를 하면서 아이들은 장난감을 나누거나 자신이 원하는 장난감을 다른 아이가 갖고 놀 동안 기다리는 일 같은 사회적 기술을 배우기 시작한다. 물론 이 나이에는 이 일이 어려울 수 있으므로, 때로는 선생님이 도와줄 필요가 있다. 그러면 부모들은 선생님들이 이러한 문제들을 해결하면서 아이들을 어떻게 훈육하는지를 경험할 수 있다.

자유 놀이 시간 동안 부모들은 조용히 자신들의 일을 한다. 즉, 발도르프 장난감을 어떻게 만드는지를 배우고, 간단한 공예품들을 손으로 만들고, 아침 간식을 준비하는 일이 부모들의 일이다. 이 모든 일들은 아이들이 볼 수 있는 곳에서 이루어진다. 부모들 사이에서 오가는 부드러운 대화는 교실에 행복한 분위기를 만들어낸다. 어린 아이들은 제일 먼저 모방을 통해서 배우며, 어른들이 일을 하면서 나누는 대화나 몸짓은 물론이고 교실의 분위기도 흡수한다는 사실을 우리는 잘 알고 있다. 이런 분위기는 아이들에게 영감을 불러일으켜서 놀이라 부르는 자기들의 일을 하는 데에도 영향을 미치게 된다.

자유 놀이 시간에는 이전에 이야기했던 예술적인 일들 혹은 실제적인 일들 중의 하나가 일어날 수 있다. 다른 아이들은 계속해서 놀이를 하는

데 어떤 아이들은 어른들을 돕고 싶어 하는 일이 그것이다. 10시 30분에 부모들은 손으로 하던 작업들을 치워놓고 멋진 간식 테이블을 준비한다. 모든 사람들이 손을 씻고 나면 모두가 식탁 주위에 둘러앉는다. 그리고 우리에게 음식을 제공한 땅과 태양에게 감사하면서 모두 손을 잡고 이렇게 말한다. "우리에게 간식을 주신 은혜에 진심으로 감사드립니다!"

간식을 먹은 후에 몇몇 아이들은 다시 놀이를 하고 어떤 아이들은 간식 때 쓴 접시를 닦는 일을 돕는다. 15분에서 20분 정도 되는 이 시간은 어떤 특정한 주제에 관해서 부모들과 내가 토론을 할 수 있는 시간이기도 하다. 주제는 우리가 천천히 읽어나가고 있는 책에서 나온 것일 수 있고, 지난주에 나누어 주었던 보도자료나 누군가의 질문으로부터 나올 수 있다. 그런 다음에는 청소하는 노래를 부르면서 모두 함께 장난감을 치우는 일을 돕는다. 그리고 간단한 인형극과 헤어짐에 관한 시나 노래를 부르면서 아침 시간을 끝마친다.

이 10주간의 수업 중에 적어도 한 번은 아이들 없이 부모들만의 저녁모임을 갖는다. 이 모임에서 우리는 방해 받지 않는 대화를 나누는 호사를 누린다.

부모들은 이 프로그램이 자신들의 가정생활을 풍요롭게 해주었다고 이야기한다. 그들은 집에서 명절들을 축하하는 아이디어들을 얻고, 나날의 생활 속에서 행하는 일들에 아이들을 참여시킬 수 있는 기술들을 얻는다.

때로는 평생 동안 지속될 수 있는 새로운 우정이 싹트기도 한다. 부모들은 자신들이 하고 있는 일이 중요한 일이며 존중 받고 격려 받고 있다고 느낀다. 매주 나오는 학교 소식지를 받아보고, 학교에서 벌어지는 모든 축제 행사에 초대를 받는 일을 통해서 부모들은 보다 큰 학교 공동체가 세워질 수 있는 첫 번째 연결 고리를 만들어간다.

아침 시간표

화요일과 수요일, 오전 9시 30분~오전 11시 30분.

하루의 리듬

오전 9:30 : 도착 시간 그리고 교실에 들어옴
오전 9:45 : 아침에 둥그렇게 함께 모이는 시간
오전 10:00 : 아이들의 창조적인 놀이 시간

부모들의 활동으로는 간식 준비하기, 수공예, 그리고 정기적으로 아이들과 함께 빵 굽기와 그림 그리기가 있고 그 밖에도 여러 가지 작업 프로젝트가 포함된다.

오전 10:30 : 간식과 대화
오전 11:00 : 청소

오전 11:15 : 인형극

오전 11:30 : 헤어지기 전에 둥그렇게 모이는 시간

작업 프로젝트

옷 수선하기

사포로 장난감 문지르기

부서진 장난감 고치기

식탁깔개들 빨기

쓸기, 먼지 털기, 테이블 닦기, 다림질하기

모델이 될 만한 노래와 시들[1]

손 씻기

노래:　　손을 씻자, 씻자, 그리고 수건에 닦자.

　　　　곧 간식 시간이 될 테니 지금 손을 씻자.

---

1. 대다수의 발도르프 선생님들은 아이들과 함께 부를 광범위한 노래들과 시들을 알고 있다. 이
것들 중 많은 것들이 선생님들 사이에서 전해진 것으로, 원래의 출전은 흔히 알려지지 않은 것
이 많다.

간식에 감사하기

시: 이 음식을 우리에게 주신 땅과
        곡식을 익게 하고 맛있게 해준 태양
        해님, 땅님, 당신들 덕분에 우리가 살아가요.
        우리의 사랑과 고마움을 전합니다.

헤어질 때 둥그렇게 모여서

노래: 아이들아, 아름다운 노래를 들으렴.
        노래하는 천사들처럼
        높이 날다가 낮게 날면서
        은방울 소리를 울린다네.

시: 저 위에 있는 하늘과 아래에 있는 땅으로
        천사들은 이리저리 날아다니네.
        나는 땅 위에 굳건히 서 있다네.
        손을 내밀며 나는 말하네.
        안녕 친구들, 내일 다시 만날 때까지.

다른 노래들

우리 여기서 뽕나무 주위를 빙빙 돌아요.

합창: 우리 여기서 뽕나무 주위를 빙빙 돌아요.

뽕나무 덤불, 뽕나무 덤불,

우리 여기서 뽕나무 주위를 빙빙 돌아요.

아주 이른 아침에.

시구: 이것이 우리가 옷을 빨래하는 방식이죠…

이것이 우리가 방을 빗질하는 방식이죠…

이것이 우리가 마루를 문질러 닦는 방식이죠…

이것이 우리가 얼굴을 씻는 방식이죠…

이것이 우리가 머리를 빗는 방식이죠…

이것이 우리가 구두끈을 묶는 방식이죠…

이것이 우리가 학교에 가는 방식이죠… 등등.

나는 아주 높이까지 닿을 수 있어요.

나는 아주 높이까지 닿을 수 있어요. 하늘을 만질 수 있답니다.

나는 아주 낮은 곳에도 닿을 수 있어요. 내 발가락을 만질 수

있답니다.

나는 혼자서 빙빙 돌 수 있어요.

그리고 땅 위에 살짝 앉아요.

생일날에 들려주는 '무지개 다리' 이야기

나이가 다른 아이들이 함께 지내는 유치원에서
생일날 들려주는 이야기
　ー바바라 패터슨이 들려준 것

옛날 옛날에 멀고 먼 하늘나라에 아름다운 하늘 아이가 살고 있었어요. 아이는 달님의 집에서 일을 했어요. 그리고 별님들의 집에서도 일을 하고, 오랫동안 해님의 집에서도 일을 했어요. 이 모든 집들에서 자기 일을 끝마친 아이는 선물을 하나씩 받았어요.

　아이가 자신의 특별한 친구들과 놀고 있던 어느 날, 갑자기 구름이 갈라지면서 저 아래에서 아름답고 둥근 보석을 하나 보았어요. 하지만 아이가 그것을 좀더 보고 싶어 할 때 구름들이 다시 모여들어서 더 이상 볼 수가 없었어요. 아이는 자기가 특별히 가깝게 느끼는 천사들 중 한 명에게 이 이야기를 했어요. "너는 지구를 본 거란다."라고 천사가 말했어요. "내가 그곳에 가도 되나요?" 아이가 물었어요. "그럼, 갈 수 있지. 하지만 지금은 아직 때가 아니구나." 천사가 대답했어요. 그래서 아이는 계속 하늘나라에서 친구들과 자기의 일을 하며 지냈어요.

　얼마 후에 구름이 다시 갈라졌고, 이번에는 지구가 온통 무지개 색으로 빛나는 것을 아이가 보았어요. 꽃들을 찾아가는 나비들과 하늘을 날아다니는 새들을 보았어요. 그것들은 마치 "우리가 있는 이곳에 오렴." 하고 아이에게 손짓하는 것처럼 보였어요. 아이는 강물 속에서 헤엄쳐 다니는 물고기와, 지구를 감싸고 있는 수많은 종류의 돌들과 식물들을 보았어요. 그리고 지구에 사는 아이가 나무를 기어오르고, 들판을 달리다가 뛰어오르고, 바스락거리는 나뭇잎들 사이를 걸어다니는 것도 보았어요. 이 모두가 너무나 아름다웠어요.

아이는 지구에 사는 아버지들과 어머니들이 자기들의 일을 하는 것을 보았어요. 어떤 사람은 농부였고, 어떤 사람은 집짓는 사람이었어요. 또 빵 굽는 사람, 구두 만드는 사람, 가게 주인도 있었어요. 아이는 어머니들과 아버지들이 자기 아이들을 돌보는 것도 보았어요. 그러다가 아이는 아주 사랑이 많고 선량한 여자와 남자를 보았어요. "아, 저분들에게 가고 싶어." 아이가 말했어요. 그분들에게 가고 싶다고 아이가 자기의 특별한 수호천사에게 말하자, 천사는 "여전히 아직 때가 아닌 것 같구나. 우선 너는 꿈의 나라들을 가로질러 여행해야 한단다."라고 말했어요.

그래서 하늘나라에 사는 그 아이는 오랫동안 꿈의 나라들을 여행했어요. 그곳에서 아이는 지구에 사는 특별한 여자와 남자가 나오는 멋진 꿈을 꾸었는데, 아이는 그들을 아주 많이 사랑했어요. 꿈속에서 아이는 "나는 당신들의 가족이 되고 싶어요."라고 말했어요. 여자는 아주 따뜻하고 환영하는 미소를 지었고, 남자는 고개를 끄덕이며 "그러렴."하고 진심으로 대답했어요. 하늘나라의 아이가 이 꿈에 대해 자기의 수호천사에게 이야기를 하자, 천사는 이렇게 말했어요. "이제 너는 준비가 되었구나. 너의 여행길에 내가 함께 가주마. 네가 해님, 별님들, 달님에게서 받은 선물들이 지구에서 네가 해야 할 일을 선택하는 데 도움이 될 거야."

그리하여 그들은 함께 무지개 다리 위를 건너는 여행을 했고 나선형 계단을 내려와서 마침내 커다란 문이 있는 곳에 이르렀어요. 그때 하늘나라의 아이는 자신이 살던 멋진 집을 떠나는 것이 약간 걱정이 되었어요. 하지만 가고 싶은 마음과 곁에 있는 수호천사 덕분에 용기를 낸 아이는 그 문을 통과했어요. 그리하여… [잠깐 쉰다] 이 세상에 작은 아기 한 명이 태어나게 된 거예요. 아기는 눈을 떠서 자기가 꿈속에서 만났던 여자와 남자를 보았어요. 그들은 "귀여운 우리 아가야, 우리는 너의 이름을 _____라고 지어야겠구나."라고 말했어요.

그래서 ____년 전 오늘, _____(아이 이름)가 이 지구에 태어난 거예요. 이 땅에서 자기의 일을 다 끝내면, 아이는 선물을 받아서 달님과 별님들과 해님에게 다시 돌려줄 거랍니다.

너희들을 이 땅으로 안내한 수호천사에게 축복과 감사를 보내요,
너희들을 태어나게 해주신 어머니에게 사랑을 보내요.[3]

---

3. 출전 미상.

생일 이야기에 대한 바바라의 설명

생일 이야기를 들려주는 일은 아이가 아주 어릴 때 시작할 수 있는 아름다운 전통이다. 선생님, 부모, 친구들, 아이에게 특별한 사람이면 누구든지 이 이야기를 만들어낼 수 있다. 이때 글로 쓰인 것을 읽어주기보다는 기억한 것을 이야기로 들려주는 것이 훨씬 좋다. 아이들 각각의 개성에 맞추어 이 이야기에 몇 가지 묘사들을 덧붙일 수가 있는데, 하늘나라의 아이가 아주 사랑이 많고 선량한 여자와 남자를 처음 보았던 장면 다음에 구체적인 묘사들을 덧붙일 수 있다. 예를 들어, "그 사람들은 아직 어린 아이가 없었어요." 혹은 "그 사람들에게는 이미 제인이라는 꼬마 여자애가 있었어요." 이 이야기를 들려주는 동안 아이가 그 가족에게는 몇 명의 식구가 있냐고 묻는 순간은 아주 특별한 순간이다. 내게는 이 순간이 아이에게 생각하는 힘이 나타나는 순간처럼 보이기 때문이다.

빵 굽는 사람, 구두 만드는 사람, 가게 주인 같이 지구상의 직업들을 이야기하는 것은 몇 가지 의미를 포함하고 있다. 태어나서 일곱 살이 될 때까지 아이는 자신의 발달하고 있는 개성에 맞추어서 열심히 자기 몸을 만들고 있는 중이다. 빵 굽는 사람과 구두 만드는 사람은 이처럼 몸을 만드는 일에 대한 역할 모델 혹은 이미지이며, 가게 주인(소매상인)은 아이에게 다가오고 있는 세상을 만날 준비를 하는 일을 암시해준다. 이러한 직업들은 아이에게 자신의 미래를 흘낏 엿볼 수 있게 해준다. 둥그렇게 함께 모여서 놀이를 하거나 이야기를 들려주는 시간에 우리는 이러한 직업들과 다른 직업들에 대한 이야기를 들려주어서 아이들이 그것들과 관계를 맺게끔 돕는다.

우리 유치원 교실에서 부모들은 보통 자기 아이의 생일날에 간식을 마련해오곤 한다. 모두 간식 탁자에 둘러앉으면 부모는 생일을 맞은 아이의 아기였을 때의 사진을 보여주거나 어떤 때는 아이에게 일어났던 몇 가지 사건들을 이야기해주기도 한다. 이러한 나눔의 시간은 부모들에게 우리 반의 축하잔치에서 하나의 역할을 하게끔 해주고, 부모들은 이 일을 아주 기꺼워하며 고마워한다.

입양된 아이를 위한 생일 이야기
― 낸시 파슨스Nancy Parsons가 들려준 것

이 생일 이야기는 여전히 내가 유치원에서 일하고 있다면, 원래의 부모가 아시아계였다가 서양으로 입양된 아이의 생일날 들려줄 법한 이야기이다.

3년 전(아이의 나이에 맞게 사용) 어느 날, _____(아이 이름)과 그의 수호천사들이 아이의 새로운 부모가 되기에 알맞은 가족을 찾아보면서 지구를 내려다보고 있었어요. 그들은 위도 아래도 찾아보고, 북쪽이랑 남쪽도 찾아보았어요. 하지만 _____가 필요로 하는 "모든 것"을 줄 수 있는 어머니와 아버지를 찾을 수가 없었어요.

결심이 아주 확실했기 때문에, 그들은 계속해서 찾아보았어요. 위도 아래도 찾아보고, 동쪽이랑 남쪽도 찾아보았어요. 그들이 동쪽과 남쪽을 찾아보고 있을 때 아주 특별한 사람들을 발견했어요. 동쪽에서 그들은 _____가 처음으로 필요로 하는 것을 줄 수 있는 아버지와 어머니를 찾아낸 거예요. 그분들은 무지개 다리 끝에 있는 문을 열고, 생명을 얻고서 기뻐하는 아이를 지구 위에 데려다놓았어요. 하지만 그분들이 아이에게 줄 수 있는 것은 그게 전부였어요. 그래서 _____과 수호천사들은 좀더 찾아볼 필요가 있었어요.

그 다음에 _____과 수호천사들은 서쪽을 찾아보았어요. 그리고 거기서 아주 특별한 분들을 발견했어요. 한 어머니와 아버지를 찾아낸 거예요. 그분들은 무지개 다리 끝에 있는 문을 열거나 _____에게 처음으로 생명을 주지는 않았지만, 아이가 즐겁게 자랄 수 있고, 이 지구에서의 삶을 사랑하기 위해 아이가 알 필요가 있는 모든 것들을 배울 수 있는 사랑스러운 가정을 제공해줄 수 있는 사람들이었어요. _____과 수호천사들은 서로를 바라보며 아주 행복한 미소를 지었어요. 그들은 이 일에 모두 동의했어요!

그래서 3년 전 오늘, _____가 무지개 다리를 타고 내려와 동쪽에서 기다리고 있다가 아이에게 생명과 기쁨을 주기 위해 문을 열어준 어머니와 아버지에게로 왔어요. 그러고 나서 얼마(몇 날, 몇 주 등등) 후에 많은 사람들의 도움과, 물론 수호천사들의 도움으로 아이는 서쪽에 있는 어머니와 아버지인, _____씨 부부에게로 왔어요. 그분들은 팔을 활짝 벌려 아이를 안고는 사랑과 기쁨과 활기가 가득한 집으로 데리고 갔어요! 생일 축하해요, _____(아이 이름)!

유치원 아이를 위한 생일 이야기
— 낸시 포스터Nancy Foster가 들려준 것

옛날 옛날에 아직 하늘나라에서 천사들과 살고 있는 어린 아이가 있었어요. 아이는 그곳에서 아주 행복했어요. 아이는 아름다운 색깔들을 보고 사랑스런 음악을 들었는데, 아이가 살고 있는 곳에서는 당연한 일이었어요. 하지만 어느 날, 아이는 하늘나라에서 자기가 볼 수 있는 것은 모두 본 것처럼 느껴졌어요. 그래서 아이는 황금빛 구름들을 통해서 밖을 내다보았는데, 저 멀리서 지구가 보였어요. 갑자기 아이는 그곳에 가고 싶은 열망으로 가득 차게 되었어요.

그래서 아이는 자신의 수호천사에게 말했어요. "부탁인데요, 내가 지금 지구로 내려가도 되나요?" 하지만 수호천사는 아이를 바라보며 "안 된단다. 지금은 너무 이르구나. 아직은 조금 더 기다려야 한단다."라고 말했어요. 그래서 아이는 기다렸어요. 그러다가 지구에 대한 일을 잊어버리고는 자기가 있는 곳에서 행복하게 지냈어요.

그러던 어느 날, 아이는 다시 지구에 내려가고 싶은 열망이 일어났어요. 그래서 수호천사에게 "부탁인데요, 이제 지구에 내려가도 되나요?"라고 말했어요. 하지만 수호천사는 아이를 바라보며 "안 된단다. 여전히 너무 이르구나. 아직은 좀더 기다려야겠구나."라고 말했어요. 그래서 아이는 기다렸어요.

그러던 어느 날 밤, 잠을 자고 있던 아이는 아주 멋진 꿈을 꾸었어요. 자기가 지구에서 아주 많은 사람들 사이에서 걷고 있었는데, 어떤 여자를 만나서 그녀를 아주 많이 사랑하는 꿈이었어요. 꿈속에서 아이는 그녀에게 "저의 어머니가 되어주시겠어요?"라고 말했어요. 그러자 그녀는 "물론이지."라고 대답했어요. 그런 다음에 아이는 한 남자를 만났고, 그를 아주 사랑하게 되어서 이렇게 물었어요. "저의 아버지가 되어주시겠어요?" 그는 "물론이지."라고 대답했어요. 그래서 아이는 아름다운 꿈속에서 자기의 부모를 선택했어요.

잠에서 깨어나자마자 아이는 수호천사에게 이 꿈 이야기를 들려주었어요. 수호천사는 아이를 바라보며 이렇게 말했어요. "그래, 이제 네가 지구에 내려갈 때가 되었구나. 너의 부모님이 너를 기다리고 있단다. 하지만 너는 혼자서 가야 해. 나는 너와 함께 갈 수가 없단다. 나는 여기에 머물면서 네가 다시 올 준비가 될 때까지 너를 지켜봐 줄게."

"하지만 어떻게 내가 혼자 갈 수 있어요?" 아이가 물었어요. "알게 될 거란다." 수호천사가 대답했어요. 그래서 아이는 꿈속나라로 갔고, 그 사이에 달이 열 번이나 찼다가 기울었어요, 그동안 아이는 작은 조각배를 타고 흔들거렸지요. 이 기간이 끝날 무렵에 아름다운 색깔의 무지개가 하늘에서부터 지구까지 쭉 펼쳐졌어요. 이 무지개를 타고 지구로 내려온 아이는 아주 작은 아기로 태어났어요. 그 아이의 이름은 ＿＿＿이랍니다.

매년 아이의 삶에서 있었던 사건들을 이 이야기에 덧붙일 수 있다. 다음에 나오는 예들은 예전에 내가 생일 이야기에 덧붙여 사용했던 것들이다.

그리고 아이의 어머니와 아버지는 아이를 매우 사랑했고 아주 잘 돌보았어요. 아이는 무럭무럭 자라기 시작했어요. 아이는 웃는 법과 혼자서 앉는 법을 배웠고 그런 다음에 한 살이 되었어요.

그리고 할머니와 할아버지가 캘리포니아에서 아이를 방문하러 왔어요. 그런 다음에 아이는 두 살이 되었어요.

그리고 아이는 엄마와 아빠와 자기를 돌봐주는 사람과 산책 가는 것을 좋아했어요. 또한 이웃집에 있는 개를 보러가는 것도 좋아했어요. 그런 다음에 아이는 세 살이 되었어요.

그리고 아이는 처음으로 바다에 갔어요. 이제 아이는 네 살이 되었답니다.

나이에 맞는 동화들

—조앤 알몬Joan Almon이 자료를 모아 편집한 것

어린 아이들을 위해 동화를 선택할 때, 그것이 아이의 나이에 알맞은 것인지를 알면 도움이 될 것이다. 여기에 소개하는 것들은 엄격하고 고정된 규칙이 아니라 가볍게 참고할 수 있는 것들이다. 각각의 범주에서 몇 가지 이야기들을 선택해서 읽어보면, 이야기의 내용이 점차 어려운 쪽으로 진행한다는 것을 알게 될 것이다. 그러면 아이의 욕구나 이해 수준의 성숙 정도에 따라 들려줄 만한 이야기를 선택할 수 있을 것이다.

• 가장 단순한 이야기들과 연속되는 이야기들: 세 살과 네 살 초반의 아이들에게 적합.

《맛 좋은 죽》(그림 동화 #103) (# 표시는 《그림 동화 전집》에 수록된 이야기 목차 번호)

《금발의 소녀와 세 마리 곰》(Spindrift)

《꼬마 이와 꼬마 벼룩》(Spindrift)

《커다란 순무》(러시아, Autumn Book)

《벙어리장갑》(러시아)

《생강 과자로 된 사람The Gingerbread Man》

《조니 케이크The Jonny Cake》(영국)

《배고픈 고양이》(인형극 대본)

《작은 집》(Spindrift)

《늙은 할머니와 그녀의 돼지》 (영국 동화)

《고양이와 생쥐》 (영국 동화)

《따라가고 싶은 꼬마 남자애》 (인형극 대본)

《언제 뿌리는 아이들을 깨우나》 ·

《자그마한 붉은 암탉》

《도시 쥐와 시골 쥐》

• 단순한 이야기지만 위의 것들보다 약간 복잡한 이야기들. 내용은 보통 유쾌하며 지나친 슬픔이나 싸움이 별로 없다. 네 살에서 다섯 살 초반 나이의 아이에게 아주 좋다.

《우락부락한 숫염소 세 마리》 (Spindrift)

《세 마리 아기 돼지》

《늑대와 일곱 마리 새끼 염소》 (그림 동화 #5)

《팬케이크 만드는 기계》 (Let Us Form a Ring)

《마센카과 곰》 (Spindrift)

《난쟁이 요정들》 (그림 동화 #39)

《은화가 된 별》 (그림 동화 #153)

《허긴과 순무Huggin and Turnip》 (The Seven Year Old Wonder Book)

• 다음에 나오는 것들 중에서 많은 이야기들은 동화fairy tale란 단어가 가진 원래 의미대로 "요정 이야기fairy tale"와 관련이 있다. 위에 나온 이야

기들보다 좀더 도전적이고 내용이 구체적이며, 주인공들이 장애물을 만나긴 하지만 아이의 영혼에 지나친 부담을 주지는 않는다. 다섯 살에서 여섯 살 초반의 아이에게 좋다.

《개구리 왕자》 (그림 동화 #1)

《홀레 할머니》 (그림 동화 #24)

《빨간 모자》 (그림 동화 #26)

《브레멘의 음악대》 (그림 동화 #27)

《황금 거위》 (그림 동화 #64)

《물렛가락과 북과 바늘》 (그림 동화 #188)

《숲속의 집》 (그림 동화 #169)

《여왕벌》 (그림 동화 #62)

《눈 아가씨》 (인형극 대본)

《일곱 마리 까마귀》 (그림 동화 #25)

《흰눈이와 빨간 장미》 (그림 동화 #161)

《찔레꽃 공주》 (그림 동화 #50) ('잠자는 숲속의 공주'로 더 잘 알려짐. –옮긴이)

《불타고 있는 성의 공주》 (Let Us Form a Ring)

《트위기Twiggy》 (Let Us Form a Ring)

《당나귀 왕자》 (그림 동화 #144)

《게으름뱅이 잭》 (영국 동화)

《톰–팃–톳Tom-Tit-Tot》 (영국 동화)

《룸펠스틸츠킨》 (그림 동화 #55)

• 다음에 나오는 것들은 아이들이 가장 좋아하는 동화들이지만, 많은 경우 유치원이나 유아원에서보다는 초등학교 1학년 정도에 들려주는 것이 좋다. 이야기 속에서 주인공들이 만나는 도전들이 보다 어려워지고 악의 세력이 좀더 강렬하게 묘사된다. 유치원 선생님들은 자기 반 아이들 대부분이 곧 일곱 살이 되는 나이라면, 일 년이 끝날 즈음에 이 이야기들 중에서 한 개나 두 개를 골라 들려줄 수 있다.

　　　《백설 공주와 일곱 난쟁이》(그림 동화 #53)

　　　《요린데와 요링겔》(그림 동화 #69)

　　　《헨젤과 그레텔》(그림 동화 #15)

　　　《신데렐라》(그림 동화 #21)

　　　《라푼첼》(그림 동화 #12)

동화의 출처들

《그림 동화 전집The complete Grimm's Fairy》, Margaret Hunt and James Stern이 편집. — Padraic Colum의 소개글과 Joseph Campbell의 해설이 실려 있다.

《영국 동화English Fairy Tales》, Joseph Jacobs이 편집, John D. Batten 의 삽화.

《Seven Year Old Wonder Book》, Isabel Wyatt.

Spindrift 출판사와 Autumn 출판사의 책들 — Rudolf Steiner College Bookstore를 통해 구할 수 있다. 주소: 9200 Fair Oaks Blvd., Fair Oaks, CA 95628.

《A Lifetime of Joy》(원래는 인형극 대본) — Bronja Zahlingen가 수집하고 창작한 것.

《Let Us Form a Ring》 — 원래는 Acorn Hill 선집이었음.

증보판과 개정판은 Waldorf Early Childhood Association of North America(WECAN)을 통해 구할 수 있다. 주소: 285 Hungry Hollow Road, Spring Valley, NY 10977.

동화에 대한 해설서들

《Once Upon a Fairy Tale》, Norbert Glas — 두 권짜리 책으로 동화의 "참된 의미"를 매력적으로 보여준다.

《The Wisdom of Fairy Tales》, Rudolf Meyer — 동화의 의미와 성장하고 있는 아이에게 동화가 어떻게 긍정적인 영향을 줄 수 있는지를 보여준다.

《The Poetry and Meaning of Fairy Tales》, Rudolf Steiner — 1908
년과 1913년에 베를린에서 행한 강연 두 개가 들어 있다.

《The Interpretation of Fairy Tales》, Roy Wilkinson — 동화들에
대한 요약과 해설이 실려 있으며, 건강한 인간 영혼에 동화가 미치
는 영향을 보여준다.

손으로 만드는 것들4

단순한 매듭 인형

재료

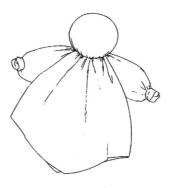

- 100% 면으로 된 플란넬 천(무늬가
  없는 파스텔 색조의 천)
- 양털 솜
- 천과 어울릴 만한 실
- 튼튼한 실(옷감을 누빌 때 쓰는 실이
  나 단추 구멍용 실이 좋다.) 혹은 치아
  용 치실을 사용할 수도 있다.

---

4. 주의할 점: 아기들이나 어린 아이들이 부드러운 인형이나 장난감을 가지고 놀 때 어른들은
항상 주의해서 살펴보아야 한다.

머리

1. 머리를 만들기 위해서는, 그림에서 보듯이 기다란 양털 솜조각들을 서로 엇갈리게 쌓는다. 솜조각들이 많이 필요할 수도 있다.(우선 양털 조각을 조금 말아서 공모양으로 만들고 그 위에 또 양털 조각을 돌려서 공모양을 점점 더 크게 만들어 나갑니다. 그 뒤에 양털 조각을 그림처럼 놓고 그 중심에 먼저 만든 공모양의 양털을 놓은 뒤 별모양처럼 펼쳐놓은 양털로 조심스럽게 쌉니다. 단단하게 그리고 동그랗게 만드는 것이 중요합니다. 인간에게서 머리가 제일 단단하기 때문에 머리 부분이 단단하게 만들어지는 것은 참 중요합니다. 아이들이 만져서 그것을 간접적으로 느끼게 됩니다.–감수자)

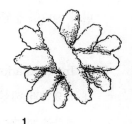

1.

2. 쌓아 놓은 솜조각을 한데 모아서 알맞게 단단하고 보기 좋은 형태의 둥근 공 모양을 만든다. 머리는 대략 지름이 2.5인치(약 6.4cm, 1인치＝2.54cm) 정도 된다.

만일 머리가 충분히 크지 않고, 울퉁불퉁하다면, 양털 솜조각을 좀더 덧붙일 수 있다.

만일 목 부분이 너무 두꺼워졌다면, 중심 부분에서 양털을 약간 빼내어 조금 "날씬하게" 만들 수 있다.

2-3.

3. 이제 튼튼한 실이나 치실을 가지고 목둘레를 빙 돌려서 단단하게 잡아당긴 다음 풀리지 않게 매듭을 짓는다.

몸통

4. 몸통을 만들기 위해서는, 먼저 플란넬 천에서 3×7인치의 직사각형을 자른다. 긴 부분을 반으로 접어 서로 포개지게 놓고, 그림에서처럼 작은 주머니 모양으로 바느질을 한다. 양쪽 가장자리와 주머니의 맨 윗부분은 0.5인치의 솔기 부분을 남겨 놓고 바느질해야 한다. 그런 다음 주머니 윗부분 쪽으로 뒤집는다.

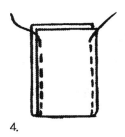

4.

주머니를 바로 잡는다. 머리 부분을
만들면서 나온 솜조각의 "꼬리들"을
이 주머니 속에 집어넣어 몸통에 약
간의 무게감을 준다. 주머니 속을 완
전히 채우기 위해서 양털 솜조각이
약간 더 필요할 수도 있다.

5. 이 몸통에 머리를 집어넣고 러닝 스
   티치(박음질)로 바느질하여 목을 몸통
   에 단단히 연결시킨다. 이때 목 부분
   이 지나치게 두껍지 않도록 약간의
   조정 작업이 필요할 수도 있다.

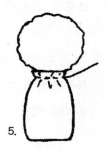

5.

6. 20×20인치짜리 정사각형 플란넬
   천의 모든 가장자리를 접어서 감친
   다. 중심 부분을 찾아서 핀으로 표시
   한다.

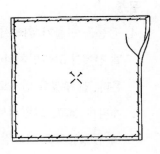

6.

7. 감친 정사각형 천을 뒤집어서 뒷면이
   앞으로 오도록 한다.

   머리와 몸통을 정사각형 천의 중심에

놓고, 머리 끝부분과 천의 중심을 연결시킨다. 이때 그림에서처럼 삼각형의 밑변에 얼굴의 중심이 잘 배치되게 한다.(보통은 고정하지 않은 채로 천을 씌우고, 실로 묶기 전에 인형에서 얼굴의 표정을 어느 면에서 볼 수 있는지 자세히 살핍니다. 이렇게 머리 부분을 천천히 돌려가면서 보면, 신기하게도 꼭 얼굴로 보이는 곳이 있습니다. 그 얼굴 부분을 잘 기억하면서 목 부분을 실로 묶으면서 주름이 가능하면 잡히지 않도록 조절하면서 실을 묶습니다. ─감수자)

7.

옆에서부터 주름을 반반하게 펴면서 플란넬 천으로 머리 부분을 감싸서 얼굴 모양이 되게 한다.

주름을 머리 옆 부분과 뒷부분에 고르게 배치한다. 그런 다음 머리 아래 부분을 튼튼한 실이나 치실로 예닐곱 번 돌려 감아서 목에 잡아맨다.

8. 삼각형의 양쪽 끝 부분에 매듭을 지
　 어서 손을 만들고 바느질로 몇 땀 기
　 워서 매듭이 풀려지지 않게 한다.

팔다리가 있고 모자를 쓴 매듭 인형

재료

- 100% 면으로 된 플란넬 천(무늬가 없
  는 파스텔 색조의 천)
- 천과 어울리는 리본과 실
- 양털 솜
- 튼튼한 실(옷감을 누빌 때 쓰는 실이나
  단추구멍용 실이 좋으며 치실도 괜찮다.)

머리

앞에서 설명했던 '단순한 매듭 인형' 만
들기의 1~3의 순서를 그대로 따른다.

몸통

4. 플란넬 천을 옆 그림에서와 같은 치
　 수(가로 19과 4분의 3인치×세로 23과 2
　 분의 1인치)로 자른다.

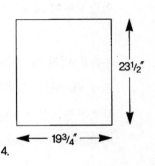

23½″

19³/₄″

4.

5. 세로면 7과 4분의 3인치 지점에서 아래로 접어서 중심을 표시한다.

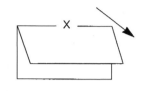

5.

6. 접은 부분의 중심에 머리 윗부분의 중심이 놓이게끔 머리 부분을 천 아래에 놓는다.

옆에서부터 주름을 반반하게 펴면서 머리를 플란넬 천으로 감싸서 얼굴이 되게 만든다.

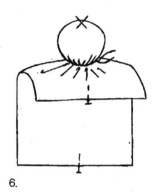

6.

머리 중에서 주름이 없는 부분을 앞쪽에 놓는다. 촘촘하게 접혀진 부분이 인형의 뒷면이 될 것이다. 튼튼한 실이나 치실로 목 주위를 꽉 잡아당기면서 묶고 풀리지 않게 매듭을 짓는다.

그림에서 보듯이 천의 양쪽 끝에서부터 중심이 되는 지점을 표시한다.

다리

7. 다리를 만들기 위해서는, 인형을 돌려서 앞부분이 당신을 향하게 한 다음, 가운데를 향해 다리를 바느질해 나간다. 이 단계를 완성한 모습은 그림 8a에서 볼 수 있다.

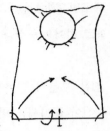

팔

8a. 팔을 만들기 위해서는, 머리를 밑으로 밀어 넣으면서 뒤쪽 천이 머리를 감싸며 넘어오게 한다.

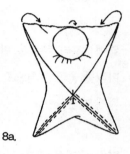

8b. 그림에서 보듯이 가운데 표시 지점과 만나게 바느질한다. 이때 주의할 점은 꿰매지 않고 남겨둔 부분이 머리가 통과할 수 있을 만큼 커야 한다는 사실이다.

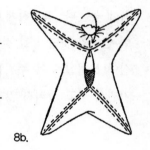

마무리 손질

9. 바느질 하지 않은 부분을 통해 머리를 꺼내면서 전체 인형을 뒤집어서 겉면이 드러나게 한다. 솜조각들로 인형을 채우는데, 이때 너무 꽉 채우지 말고 귀여우면서 적당히 통통한 모습이 되도록 한다. 꿰매지 않고 열려 있는 부분을 바느질한다.

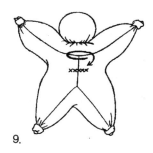

9.

이때 남은 천을 잘라서 팔 부분에 잇댈 필요가 있는 인형들이 많다. 이렇게 하면 팔이 약간 내려오게 되어 인형의 비례가 맞게 되기 때문이다. 이 일은 열려 있는 부분을 다 꿰맨 다음에 하는 게 좋다.

손과 발

10. 손과 발을 만들기 위해서는, 양 끝에 작은 매듭을 만든 후 몇 땀씩 바느질해서 고정시키면 된다.

* 참고 : 발도르프 인형은 '완제품'으로서의 아름다움이나 정교하고 섬세한 바느질로 '사람같이' 보이게 하는 그런 인형은 아닙니다. 발도르프 인형이 아이나 어른에게 즐거움을 주는 이유는 그 과정에서 아이들의, 인간의 성장 과정과 원리를 담아내고 있기 때문입니다. 이를테면, 몸통과 얼굴의 비율은 가지고 노는 아이들의 연령에 따라 달라집니다. 어린 아이들(7세 이전)의 경우는 손발과 몸통을 완전하게 자기의 일부로 경험하지 못합니다. 그래서 인형을 만들 때, 머리와 몸통의 비율을 1:4 정도로 합니다. 바비 인형의 긴 다리는 아이들의 성장 정도와는 거리가 있습니다. 인형의 눈을 만들 때도 바비 인형처럼 옴폭하고 또렷하게 하지 않고 은근한 힌트 정도만으로 눈을 표현합니다. 그래서 아이들이 놀면서 채울 수 있는 표정의 여유를 남겨둡니다. 아이들을 또렷하게, 뚫어지게 바라보는 인형이 아니라, 은근한 표정을 가진 인형이 되게 합니다. 인형의 형태를 만들 때에도 가능하면 '인간의 형태(human form)'를 생각합니다. p.211쪽의 그림은 인형의 몸통이 사방으로 갈라져 있는 모양새를 하고 있습니다. 이것은 인간의 몸통과 다소 거리가 있어 보입니다. 동물 인형의 경우도, 네 다리로 반듯하게 서는 것을 가장 기본적인 형태로 봅니다. 닭이나, 새의 경우는 둥지에 앉아 있는 모양을 만듭니다. 이때 둥지는 안정적으로 닭이나 새를 품어야 하며 동시에 바닥에 균형 있게 잘 놓여져야 합니다. 만약 둥지가 흔들거리거나 한쪽으로 기울면 아이들은 중심을 잃은 형상을 보게 됩니다. 동물 인형은 6학년 수공예시간에 만드는데, 중심을 잡고 네 다리로 반듯하게 서도록 하는 것이 아주 중요합니다. 6학년 정도가 되는 아이들은 이제 신체적으로 온전한 균형을 갖추게 됩니다. 이것을 수공예를 통해 예술적으로, 또 의식적으로 '바로 서는 힘'을 경험하도록 합니다. 이런 의미에서 이 책에서 소개하는 '매듭 인형'은 만들어 보시도록 적극적으로 권유하기에는 다소 무리가 있습니다. 아이들은 바느질 한 땀 한 땀을 다 보고 경험합니다. 사지를 잇는 바느질 선은 '매듭 인형'에서 감추기 힘든 어떤 '경계'입니다. 자연스럽지 않은 '선'은 아이들에게 자연스러운 성장을 보여주지 못합니다. 저자가 엮어놓은 인형만들기 부분에서 아쉬운 점이 있어 안타깝기는 하지만, 아이들의 성장과 놀잇감이 얼마나 깊이 관련되어 있으며, 우리가 또 얼마나 섬세하게 우리의 시각을 다듬어야 하는가를 일깨우는 데는 도움이 됩니다. 글을 읽으면서 저자의 이야기를 읽지만, 동시에 '내'가 읽고 있다는 것을 의식하고 있으면 좋을 듯합니다. ―감수자

인형 모자(보닛) 만들기

1. 그림에서처럼 인형의 머리 크기를 잰다. 플란넬 천을 9와 2분의 1×4와 2분의 1인치 크기로 자른다. 혹은 당신이 잰 머리 크기에다 1인치를 더해서 천을 자른다. 천의 모든 측면에 2분의 1인치의 솔기 부분을 고려해서 자른다.

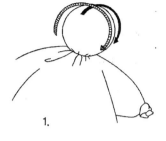

1.

2. 모자의 앞부분을 감친다.

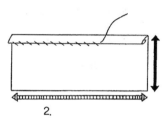

2.

3. 겉면이 속으로 들어가게 반으로 접는다. 박음질로 모자의 뒷부분을 꿰맨다. 모자의 밑 부분을 감침질한다.

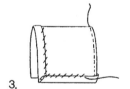

3.

마무리 손질

4. 모자를 뒤집어서 가느다란 끈을 매단다. ★ 주의할 사항: 어린 아이가 끈을 입에 넣어서 숨이 막히는 상황이 벌어지지 않도록 주의해야 한다.

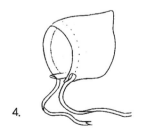

4.

서 있는 인형

재료

- 머리로는 6×6인치 크기의 면실로 짠 천. 다양한 피부색을 표현할 수 있는 색조의 천을 준비한다.
- 몸통으로는 6×8인치 크기의 무게감이 있는 양모천이나 양털이 혼합된 펠트 천
- 머리와 몸통을 채울 자연 색상의 양모 솜.
- 머리칼로 사용할, 원하는 색으로 염색한 양털과 그에 어울리는 실.
- 망토로 사용할 펠트 천이나 면 혹은 실크 천.
- 튼튼한 실(옷감을 누빌 때 쓰는 실이나 단추구멍용 실 혹은 치실).
- 옷감에 어울리는 실.
- 망토에 사용할 자수용 실.
- 납작한 돌 하나.(선택 사항)

머리

1. 그림(206쪽)에 나온 것처럼 기다란 천
   연 양모 솜조각들을 서로 겹쳐 쌓는
   다. 이때 많은 솜조각이 필요할 수 있
   다. 그것들을 한데 모아서 알맞게 단
   단하고 보기 좋은 둥근 공을 만든다.
   머리의 지름은 대략 2와 4분의 1인치
   가 되어야 한다. 면실로 짠 천을 펴서
   머리를 감쌀 때 살짝 누르면서 감싼다.

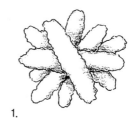

1.

   목을 잘 만드는 것이 인형의 완성된
   모습을 위해서 가장 중요하다. 목의
   굵기는 머리가 달랑거리지 않을 만큼
   두꺼워서 안정감을 제공해야 하지만,
   그렇다고 지나치게 두툼해서도 안 된
   다. 그러면 뚱뚱한 목이 될 것이기 때
   문이다. 튼튼한 실이나 치실로 목 부
   분을 돌려 묶는다.

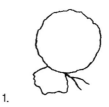

1.

2. 면실로 짠 직사각형 천의 가운데 지
   점을 찾아서 핀으로 표시해둔다.

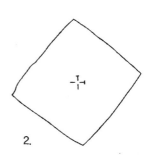

2.

3. 천의 표시된 지점에 머리의 가운데 부분을 놓는다. 머리 위에 놓인 천을 단단하게 잡아당겨서 한쪽에서부터 주름을 펴나간다. 주름이 없는 부분이 인형의 얼굴이 될 것이다. 튼튼한 실이나 치실로 목둘레를 꽉 잡아당기면서 여러 번 돌린 다음 안전하고 튼튼하게 묶는다.

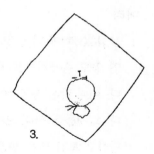

3.

몸통

4. 겉면이 될 부분이 안쪽으로 향하게 놓고, 4분의 1인치의 솔기를 남기고 펠트 천의 뒷부분을 꿰맨다. 천을 뒤집는다.

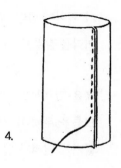

4.

5. 두 겹의 실을 사용해서 목 부위의 테두리를 따라 박음질한다. 머리를 이 몸통 가운데에 끼워 넣는데, 이때 얼굴이 앞쪽을 향하게 하고 뒷머리가 솔기가 있는 부분으로 가도록 주의해서 넣는다.

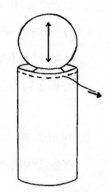

5.

목둘레에 박음질했던 실을 바짝 잡아
당긴다. 한쪽으로 쏠리지 않고 골고
루 잡아당겨지도록 한 다음 실을 묶
는다.

목둘레 전부를 바늘땀이 보이지 않게
꿰매서 머리를 몸통과 연결시킨다.
이때 머리가 흔들거리지 않도록 하기
위해 여러 번 꿰매야 할지도 모른다.

마무리 손질

6. 어울리는 색실로 양모 머리카락을 꿰
   매어 붙인다. 바느질이 끝난 다음에
   머리카락에 약간의 보풀이 일어나도
   록 만들면 바늘땀을 감출 수 있다. 머
   리카락으로 양모 털실을 사용할 수도
   있다.

6.

망토를 만드는 데는 펠트 천이나 면
혹은 실크 천을 사용할 수 있다. 망토
의 길이는 몸통보다 약간 작아야 하
지만 너비는 비슷하다. 자수용 실로

망토 윗부분을 따라 박음질로 바느질
하여 망토 끈을 만든다.

인형의 아래 부분을 마무리하는 데는
다음 두 가지 방법이 있다.

가장자리를 접어서 감치는 방법

가장자리를 접어서 감치는 이 방법은
무게감을 주어서 인형이 좀더 잘 서
있을 수 있게 해준다. 가장자리에서 2
분의 1인치를 접어 넣고 바늘땀이 안
보이게 빙 둘러서 바느질한다. 양모
솜조각으로 인형 속을 가볍게 채워
넣는다.

가장자리를 봉하는 방법

옷감에 어울리는 둥근 펠트 천 조각
을 인형의 맨 아래 부분에 이어 붙여
서 가장자리를 봉하는 방법을 더 좋아
할 사람도 있을 것이다. 이 방법이 지
닌 좋은 점은 인형 속에 채워 넣은 것
들이 빠져 나오지 않는다는 것이다.

양모 솜조각으로 인형 속을 가볍게 채워 넣는다. 종이나 판지 위에 인형 몸통을 놓고 가장자리를 따라 그린다. 이때 솔기 부분으로 4분의 1인치를 더해서 그린다. 그려진 견본에 따라 펠트 천을 둥글게 잘라서 몸통 가장자리에 잇대어서 꿰맨다. 이때 원한다면, 인형에 무게감을 주기 위해 몸통을 완전히 봉하기 전에 반반한 돌멩이 한 개를 그 안에 넣을 수도 있다.

손가락으로 하는 뜨개질

재료

- 굵직한 양모 털실(다른 종류보다는 양모가 좀더 나을 것이다.)
- 가위
- 아이의 뜨개질 과제물을 담아 둘 바구니나 천 가방
- 네 자나 다섯 자 길이로 털실을 잘라서 공처럼 말아놓거나 그림에서 보는 것처럼 작은 다발로 만들어 놓는다.

- 만들 때 옆 그림을 참조한다. 화살표
  들은 털실을 붙잡고 있어야 할 지점
  을 표시하고 있다.

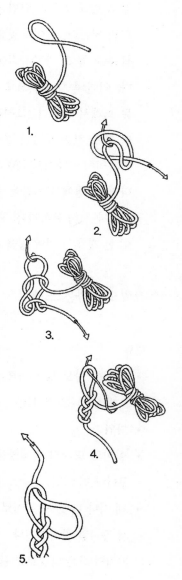

1. 털실을 둥글게 교차시켜서 고리를 만
   든다.

2. 첫 번째 고리 속에 엄지와 검지를 집
   어넣은 다음 털실을 붙잡아서 두 번
   째 고리를 만든다. 두 번째 고리를 잡
   아 당겨서 첫 번째 고리가 꽉 죄어지
   게 한다.

3. 같은 방식으로 계속 새로운 고리들을
   만든다. 이때 이미 짜여진 가닥과 아
   직 당겨지지 않는 고리 근처를 단단
   히 붙들면서 고리들을 만든다.

4. 새로 만든 고리가 너무 길다 싶으면
   끝을 당겨서 짧게 만든다.

5. 손으로 짠 이 끈을 완성하기 위해서

는, 마지막 고리 속으로 털실 끝을 잡
아당겨서 꽉 죄면 된다.

이 끈들은 많은 용도로 사용될 수 있
다. 가령, 장식 띠, 망토 끈, 낚싯줄,
꾸러미 싸는 끈, 심지어 나선형으로
뜨개질하여 둥근 깔개를 만들 수도
있다.

* 참고 : 뜨개질하면서 아이들에게 이야기로 설명되면 좋습니다. 이야기는 부모나 선생님들이 만들 수 있습니다. 예를 들면, '옛날 어느 깊은 산 속에 아름다운 성이 있었어요. 그 성에는 아주 아주 조그만 우물이 하나 있었는데(첫 번째 고리를 만듭니다), 세상에서 가장 아름답고 맑은 샘물이 졸졸졸 흘러 나왔답니다. 어느 날 그 우물가에 개구리 한 마리가 놀러 왔습니다.(두 번째 고리를 만든다) 개구리는 졸졸졸 샘물이 부르는 노래가 얼마나 아름다웠던지 '퐁당' 하고 그 우물 안으로 들어가 보았어요. 누가 이렇게 아름다운 소리를 내는지 알고 싶었거든요. 그런데 우물 안은 캄캄하고 아무런 소리도 들리지 않았어요. 개구리는 '졸졸졸' 아름다운 그 소리를 듣기 위해 다시 우물 밖으로 나오고 싶었어요. 그런데 어떻게 우물을 빠져나가야 할지 몰랐어요. '도와주세요' 개구리가 소리쳤습니다. 그러자 예쁜 손이 우물 속으로 들어와 개구리를 데리고 밖으로 나갔습니다. 그 아름다운 성에 사는 공주님(왕자님-아이들에 따라서 다르게)이었어요. 개구리는 '고맙습니다' 인사를 했습니다.' 이렇게 이야기를 하면서 아이들과 손가락 뜨개질을 해보면 모든 아이들이 다 해보고 싶어서 선생님 주변에 올망졸망 모이게 됩니다. 그 뒤로는 자연스럽게 아이들이 이야기를 계속해서 만들어 나가는 것을 볼 수 있습니다. -감수자

발도르프 교육이란 무엇인가?

발도르프 교육은, 오스트리아인 학자이자 교육가이고 저술가인 루돌프 슈타이너의 지침에 따라 유치원에서부터 12학년(우리나라의 경우 고등학교 3학년 - 옮긴이) 나이의 학생들을 위해 계발된, 세계적으로 널리 알려진 교육 체계이다. 제1차 세계 대전이 끝난 후 에밀 몰트Emil Molt의 요청으로 교육에 관심을 돌리게 된 슈타이너, 그를 도와서 1919년에 독일 슈투트가르트에 있는 발도르프 아스토리아Waldorf-Astoria 담배 공장에 다니는 노동자들의 자녀들을 위해 학교를 세우게 된다. "발도르프 교육"이란 이름은 여기서부터 나왔으며, 그 후 전 유럽으로 퍼져나갔다. 미국에서는 1928년에 뉴욕 시에 첫 발도르프 학교가 세워졌다.

슈타이너는 아이의 발달 단계에 토대를 둔 교육, 나이에 알맞은 배움과 관련된 분야에서 선구자였다. 교육과 관련된 슈타이너의 많은 사상들은 나중에 게젤Gesell(1880~1961, 미국의 심리학자이자 소아과 의사), 피아제Piaget(1896~1980, 스위스의 심리학자로 특히 아동 심리학으로 유명)를 비롯한 다른 사람들의 연구 작업 속에 녹아 있게 된다. 슈타이너는 "온전한 아이whole child"를 위해 균형 잡힌 교육을 계발하고자 힘썼다. 이것은 아이의 사고뿐만이 아니라 감정과 의지에도 참여하는 교육이며, 아이의 영적인 본성을 인정하면서도 자유로움을 추구하는 교육이다. 유치원에서부터 고등학교 나이까지 발도르프 교육이 추구하는 목표는 똑같지만, 그 수단은 아이의 내적 발달의 변화에 따라 달라진다.

발도르프 학교들은 제2차 세계 대전 동안 나치에 의해 폐쇄되었다가 곧 다시 문을 열었다. 그리고 지난 20여 년간은 남아프리카, 중동 지역, 동유럽과 예전에 소련 연방이었던 나라들까지 퍼져갔다. 최근에는 전세계 46개 나라에 750여 개가 넘는 발도르프/슈타이너 학교가 운영되고 있다.

유치원 교육
유치원 시기 동안 아이는 집과 같은 환경에 둘러싸여서 상상력이 풍부한 자유 놀이와 예술적인 활동들을 하게끔 격려 받는다. 어린 아이는 제일 먼저 모방을 통해 배운다는 사실을 깨달은 슈타이너는 놀이, 리듬, 동화와 이야기 들려주기의 중요성을 강조했다. 슈타이너는 아이의 몸이 어떤 성숙 단계에 이르러서 인지적인 활동을 위한 힘이 성장하기 전까지는 읽기, 쓰기, 수학 같은 지적 능력에 집중하는 것은 아이들에게 좋지 않다고 생각했다. 아이에게 지적인 힘이 나타나고 있음을 보여주는 표시들이 많이 있다. 가령, 영구치가 솟아나오고, 머리 위로 손을 뻗어서 반대쪽 귀를 만질 수 있는 능력들이 그런 표시들이다. 아이들이 초등학교 1학년에 들어갈 준비가 되었는지는 주의 깊게 평가되어야 한다. 그래서 대부분의 학교에서는 아이가 학교에 들어오기 *전에* 여섯 살이 되어야 한다고 요구하고 있는 것이다.

많은 발도르프 학교에는 세 살에서 여섯 살 사이의 아이들이 같은 반에서 지내는 혼합 나이 유치원이 있다. 유치원/유아원에서 매일 이루어지는 대표적인 활동으로는 자유 놀이, 운동 놀이, 둥그렇게 모여서 이야기 듣기, 수공예 작업이나 예술 활동(수채화 그리기, 천연 밀랍 점토로 모형 만들기, 밀랍이 섞인 크레용으로 색칠하기, 빵 굽기 등등)이 있다. 인형극 놀이, 산책하기, 축제들을 축하하는 일들은 일 년 내내 자주 벌어지는 이벤트들이다.

초등학교와 중학교

발도르프 초등학교와 중학교(1학년부터 8학년까지)에서 다루어지는 모든 주제들은 생생히 살아 있는 듯하고 그림이 많이 들어간 방식으로 제시된다. 슈타이너가 발견한 바에 따르면, 초등학교 아이들은 제시되는 정보가 예술적이고 상상력을 자극하는 방식일 때 가장 잘 배우기 때문이다. 똑같은 선생님이 1학년 때부터 8학년 때까지 같은 아이들을 맡아서, 언어 과목(읽기, 쓰기, 말하기, 철자법 등) 수학, 역사, 과학을 포함한 "아침 수업 시간"을 담당한다. 이 수업은 한 주제를 가지고 3주에서 6주에 걸쳐서 매일 아침 두 시간 동안 이루어진다. 학생들은 정해진 교과서나 참고서를 쓰지 않으며, 대신 자기가 배운 것을 예술적으로 기록하는 방식으로 자신만의 "교과서"를 직접 만든다. 하루의 나머지 시간들은 전문 과목 담당 선생님들이 맡아서 두 가지 외국어, 오케스트라 연습, 노래하기, 미술, 수공예, 텃밭 가꾸기, 오이리트미

(슈타이너에 의해 계발된 동작 예술), 체육 수업을 하게 된다.

발도르프 고등학교

사춘기에 나타나게 되는 분석적으로 사고할 수 있는 힘은 발도르프 고등학교 과정에서 충족되고 계발된다. 고등학교에서 이루어지는 수업은 각 분야의 전문가들이 맡아서 가르친다. 이 시기에 선생님의 역할은 학생들이 자신의 사고 능력을 계발할 수 있도록 돕는 일처럼 보인다. 이 과정에서 제일 중요한 핵심사항으로는 학생들에게 현상에 대한 가장 직접적인 경험이 제공되어야 한다는 사실이다. 가령, 직접 해보는 실험들, 문학과 역사 분야에서 원래의 텍스트를 사용하기, 또한 주석을 달거나 고쳐 써서 쉽게 만든 선집들이 아닌 원래의 일차 자료들을 제공하는 일이 그것이다. 청소년기에 빠르게 변화하는 심리 상태는, 학년에 따라 학생들의 마음속에 생생히 살아 있는 핵심 "질문들"에 맞춰 진행되는 공부들을 통해서 그 방향을 찾게 될 것이다.

— 라히마 볼드윈 댄시Rahima Baldwin-Dancy
예전 발도르프 유치원 교사이자
《당신은 당신 아이의 첫 번째 선생님입니다》의 저자

발도르프 교육 관련 자료들

북미 발도르프 학교 연합Association of Waldorf Schools of North America(AWSNA)

337 Oak Grove St Minneapolis, MN 55403

Phone: 612-870-8310   Fax: 612-870-8316

Email: awsna@awsna.org

www.waldorfeducation.org

북미 발도르프 유치원 연합Waldorf Early Childhood Association of North America(WECAN)

285 Hungry Hollow Road Chestnut Ridge, NY 10977

Phone: 914-352-1690   Fax: 914-352-1695

Email: info@waldorfearlychildhood.org

www.waldorfearlychildhood.org

슈타이너 학교 회원 모임Steiner Schools Fellowship

Kidbrooke Park, Forest Row, Sussex, RH18 5JB UK

Phone: +44 1342 822 115   Fax: +44 1342 826 004

www.steinerwaldorf.org.uk

괴테아눔에 있는 교육 분과Pedagogical Section at the Goetheanum

P.O. Box, CH-4143 Dornach (Switzerland)

Bob & Nancy's Services/The Waldorfshop Network/WaldorfWorld

304 Tasman Place Philomath, OR 97370

Phone: 541-929-2359   Email: writeus@bobnancy.com

www.waldorfbooks.com or www.bobnancy.com or

www.waldorfshop.net or www.waldorfworld.net

인지학이란 무엇인가?

로날드 코에츠Ronalds E. Koetzsch는 자신의 책 《교육에서 대안을 찾는 부모들을 위한 안내서The Parents' Guide to Alternatives in Education》에서 독자들에게 루돌프 슈타이너와 인지학에 대해 다음과 같이 소개하고 있다.

> 슈타이너는 유럽의 문화적 삶에서 중요한 인물이다. 오랜 세월 동안 그는 독일에 있는 신지학 협회의 회장이었으며, 1913년에 인지학이라 불리는 영적이고 문화적인 운동단체를 창립하였다. 인지학이란 말은 '인간 존재의 본성에 관한 지식'을 뜻한다. 슈타이너는 철학, 종교학, 심리학, 예술, 역사, 경제학, 정치학 같은 주제에 관한 강연과 저술을 하면서 광범위하고, 교양 있고, 국제적인 지지자들의 관심을 얻었다. 그는 현대 인류가 개인과 우주 안에서 정신의 실체the reality of the spirit를 깨달아야 한다고 강조했다. 그리고 개인적인 삶과 사회적인 삶이 모두 이 실체에 기초해서 이루어져야 한다고 주장했다.[1]

슈타이너 자신은 인지학을 "자기 자신의 인간성을 깨닫는 일"이라고 설명하고 있다. 동료 인간들과의 관계, 우리가 동료 인간들과 나누고 있는 삶 그리고 일에서보다 이러한 인식이 더 필요한 곳은 없다. 슈타이너에 의해 계발된 이 인식은, 실질적인 일들, 가령 교육, 생명역동 농법, 예술 작업 등에서 핵심적이고 중요한 역할을 하고 있다.

인지학은 인간 존재와 우주를 영적인 관점에서 파악하고 있지만, 그것이 앎knowing이지 믿음faith은 아니라고 강조한다. 인지학은 인간의 마음과 손과 특히 생각하는 능력이 가장 중요하고 본질적인 것이라고 본다. 슈타이너의 말을 빌면, 인지학anthroposophy은 "인간 정신으로부터 우주정신으로" 향하도록 이끄는 학문이다. 인류anthropos는 자기 자신과 세계에 전해줄 지혜sophia를 본래부터 가지고 있는 존재이다.

인간 잠재력에 관련해서 인지학이 지니고 있는 비전은 많은 사람들에게 희망과 부활의 근거가 되고 있다.[2]

인지학 관련 자료들

미국 인지학 협회Anthroposophical Society in America
1923 Geddes Avenue Ann Arbor, MI 48104-1797
Phone: 734-662-9355 Fax: 734-662-1727
Email: information@anthroposophy.org
www.anthroposophy.org

Bob & Nancy Services
The WaldorfShop Network/WaldorfWorld
304 Tasman Place, Philomath, OR 97370
Phone: 541-929-2359 Email: writeus@bobnancy.com
www.waldorfbooks.com or www.bobnancy.com
www.waldorfshop.net or www.waldorfworld.net

다른 나라에 있는 인지학 협회들을 알고 싶으면 아래로 연락하면 된다.
General Anthroposophical Society

---

1. Ronald E. Koetzsch, 《The Parents' Guide to Alternatives in Education》, Boston, Shambala Publications, 1997.
2. Anthroposophical Society in America, Towards a More Human Future, Anthroposophy at Work, 1993.

P. O. Box, CH-4143 Dornach 1, Switzerland
Phone: +4161 706 4242   Fax: +4161 706 4314
Email: sekretariat@goetheanum.ch

추천할 만한 읽을거리들

인형 만들기, 장난감과 공예품들

《펠트 공예: 인형 만들기, 선물과 장난감들Feltcraft: Making Dolls, Gifts and Toys》, Petra Berger — 자세한 설명, 견본들, 밝은 색의 사진들이 들어 있어서, 초보자들과 경험 있는 공예가들에게 도움이 되는 책이다. 작은 인형, 손가락 인형과 손 인형, 동물 인형, 손목밴드, 작은 선물들, 심지어 벽에 거는 태피스트리 같은 것들을 만드는 법이 소개되어 있다.

《아이들의 해Children's Year》, Stephanie Cooper, Marey Rowling & Christine Fynes-Clinton — 아이들을 위해서, 아이들과 함께 만들 수 있는 100여 가지가 넘는 공예품 만드는 법이 들어 있는 보물 창고 같은 책이다. 옷 만들기, 부드러운 장난감, 나무로 만드는 움직이는 장난감들과 몇몇 축제들과 계절에 알맞은 공예품 만들기가 들어 있다.

《아이들과 함께 장난감 만들기Toymaking with Children》, Freya Jaffke — 오랫동안 유치원 교사였던 자신의 경험을 살려서 저자는 상상력이 풍부하면서 질적으로 훌륭한 장난감 만드는 법을 소개하고 있다. 가령, 나무로 만드는 보트, 통나무 기차, 인형용 가구, 헝겊조각으로 만드는 인형, 줄이 달린 인형, 부드러운 재질로 만든 동물 등이 소개되어 있다.

《땅, 물, 불, 공기Earth, Water, Fire, and Air》, Walter Kraul — 수차(水車), 바퀴 달린 증기선, 프로펠러 비행기, 낙하산, 풍차, 팽이, 열기구로 만든 작은 회전목마, 열기구, 그 외에 다양한 것들을 어떻게 만드는지 그 방법을 보여준다. 여섯 살 아이가 만들 수 있을 정도로 단순한 것도 있고, 열두 살쯤 된 아이가 만들 수 있는 좀더 기술이 필요하고 복잡한 것도 있다.

《인형 책: 부드러운 인형과 창조적인 자유 놀이 The Doll Book: Soft Dolls and Creative Free Play》, Karin Neuschutz — 부드러운 천으로 인형 만드는 방법을 소개할 뿐만 아니라 나이에 따라서 아이들이 어떻게 노는가를 설명해주는 매력적인 책이다.

《유치원에서 펠트로 할 수 있는 활동들Felting Activity From the Kindergarten》, Janene Ping — Hawthorne Valley Waldorf School에서 만든 이 소책자는 난쟁이 수염 만드는 법이라든가 부활절 달걀 만드는 법 등을 소개하고 있다.

《인형 만들기Making Dolls》, Sunnhild Reinckens — 손가락 인형, 아기 인형, 난쟁이 인형, 그 외에도 많은 것들을 포함해서 17개의 인형 만드는 법을 소개하고 있다.

《꿈의 메아리들; 부모와 아이의 창조적인 출발Echoes of a Dream, Creative Beginnings for Parent and Child》, Susan Smith — 유아원과 유치원을 위한 책이다. 내용으로는 아이들의 정원, 장난감과 공예품들 만드는 법, 수채화 물감과 크레용으로 표현하는 법들이 포함되어 있다.

《뜨개질로 만든 농장, 난쟁이들과 요정들, 마법의 성.The Knitted Farmyard, Knitted Gnomes and Fairies, Knit an Enchanted Castle》, Hannelore Wernhard

놀이

《아이들의 놀이들Games Children Play》, Kim Brooking-Payne ― 세 살 이상의 아이들을 위한 재미있고 치유효과가 있는 놀이들이 소개되어 있다. 이 놀이들은 아이들의 협동 작업, 상황을 알맞게 조정하기, 공간에 대한 인식을 북돋아준다. 또한 저자의 폭넓은 경험을 토대로 특정한 나이에 각각의 놀이들이 왜 아이들에게 도움이 되고 필요한지가 설명되어 있다.

《단추야, 단추야, 누가 단추를 가져갔지?: 101가지 단추 놀이들Button, Button, Who's Got the Button: 101 Button Games》, Hajo Buchen

《안나 바나나: 101가지 줄넘기 놀이를 위한 동요들 Anna Banana: 101 Jump-Rope Rhymes》, Joanna Cole ― 아이들이 줄넘기를 할 때 리듬에 맞출수 있게 해주는 운율이 맞는 동요들이 소개되어 있다.

《손가락 놀이들 Finger Plays》, Mercury Press ― 유치원에서 할 수 있는 46개의 손가락 놀이들.

《아이의 놀이 1과 2: 아이들을 활기차게 해주는 놀이들Child's Play 1&2: Games for Life for Children》, van Wil Haren & Rudolf Kischnick ― 간단한 알아맞히기 놀이, 칠판이나 탁자를 사용하는 놀이에서부터 상상

력, 위트, 창조성이 필요한 놀이까지 다양한 놀이가 소개되어 있다.

《미래를 내다보기Looking Forward》, von Molly Heider — 세 살에서
부터 열한 살 나이의 아이들을 위한 놀이, 운율이 맞는 시구와 자장가,
동요, 운동 놀이들이 포함되어 있다. 책의 두 번째 부분에서는 아이들
에게 연구 과제가 될 수도 있으면서 기본 원리들을 적용해볼 수 있는
텃밭 가꾸기를 실질적이고 창조적으로 가르칠 수 있는 방법을 소개하
고 있다.

자연과 함께 하는 일과 텃밭 가꾸기

《아이들의 부엌과 정원: 텃밭 가꾸기, 요리 그리고 배움에 관한 책The
Children's Kitchen Garden: A Book of Gardening, Cooking, and Learning》,
Georgeanne Brennan & Ethel — 아이들에게 신선하고 건강한 음
식들에 감사하는 마음을 갖도록 가르치는 프랑스 전통에서 영감을 받
은 책이다. 이 안내서에는 다채로운 색깔의 삽화, 사진, 기분 좋은 인용
문들이 실려 있어서 유쾌함을 더해준다.

《아이들과 자연을 함께 나누기Sharing Nature with Children》, Joseph
Cornell — 자연 세계를 사랑하는 일에 영감을 불어넣어줄 수 있는 놀
이들과 활동들이 포함되어 있다.
《자연의 기쁨을 함께 나누기Sharing the Joy of Nature》 — 좀더 많은 놀이
들과 활동이 실려 있다.

《아이의 정원: 아이들과 부모들을 위한 매혹적인 바깥 공간들A Child's
Garden: Enchanted Outdoors Spaces for Children and Parents》, Molly

Dannenmaier — 부모, 선생님, 정원사, 조경 디자이너를 위한 아주 괜찮은 책. 또한 아이들이 놀기에 좋은 공간을 만들고 싶은 모든 사람들을 위한 책이다. 화려한 컬러 사진이 실려 있다.

《자연 현상들 : 이야기와 시에서Nature Ways: In Story and Verse》, Dorothy Harrer — (유치원에서) 큰 소리로 읽어줄 수 있는 이야기들이 유쾌한 삽화와 함께 들어 있다. 〈나비들의 왕자The Prince of the Butterflies〉, 〈황금 계단의 왕자들The Princes of the Golden Stairs〉, 〈아이와 나무The Boy and the Tree〉 같은 이야기들과 다른 것들이 포함되어 있다.

《땅에서 사뿐히 놀아라.: 세 살부터 아홉 살 나이의 어린이들을 위한 자연 활동들Play Lightly on the Earth: Nature Activities for Children 3 to 9 Years Old》, Jaqueline Horsefall — 놀이 속에 숨어 있는 창의적인 사고와 문제 풀이, 아이들의 능력 발달을 강조하는 활동들이 실려 있다.

《접시꽃 날들: 아이들이 진심으로 좋아하는 정원에서의 모험들Hollyhock Days: Garden Adventures for the Young at Heart》, Sharon Lovejoy — 어떻게 아이들과 어른들이 텃밭을 함께 가꾸면서 마법을 발견하는가를 보여주는 책.
《해바라기 집들: 모든 나이의 아이들이 정원에서 발견할 수 있는 것들 Sunflower Houses: Garden Discoveries for Children of All Ages》

《자연의 모퉁이The Nature Corner》, M.V. Leeuwen and J. Moeskops — 간단한 재료들 그리고 단순한 뜨개질이나 코바늘 뜨개질로 만들어 내는 다채로운 계절별 자연 테이블.

《지구의 길들, 어린 아이들을 위한 간단한 환경 활동들Earthways, Simple Environmental Activities for Young Children》, Carol Petrash — 자연에서 직접 구한 재료로 만든 공예품들과 계절 활동들이 들어 있으며, 주의 깊게 환경을 인식하게끔 북돋우는 묘사들과 아름다운 삽화가 실려 있다.

노래, 시, 기도와 축하하기

《아이들과 함께 하는 축제들Festivals with Children》, Brigitte Barz — 각각의 기독교 축제들이 지닌 본질과 특성, 상징들, 관습들을 설명하고 있다. 또한 가정에서 이 축제들을 축하할 수 있는 실용적인 제안들이 들어 있다.

《크리스마스 공예품 만들기, 부활절 공예품 만들기, 수확을 축하하는 공예품 만들기The Christmas Craft Book, The Easter Craft Book, The Harvest Craft Book》, Thomas Berger — 밝고 화려한 사진이 실려 있는 이 시리즈물은 누구나 쉽게 따라할 수 있는 계절별 장식 아이디어들을 풍부하게 제공하고 있다. 선생님들과 부모들은 해마다 이 책을 참고할 수 있을 것이다.

《아이라는 빛에 비추어서: 아이들을 위한 그리고 모든 인간 속에 있는 아이를 위한 42개의 시In the Light of a Child: Fifty-two Verses for Children and the Child in Every Human Being》, Michael Burton — 일 년의 흐름을 따르고 있는 이 시들은 루돌프 슈타이너의 영혼의 달력Calendar of the Soul에서 영감을 받은 것으로 남반구와 북반구용으로 정리되어 있다.

《세계 곳곳의 축제들을 축하하기Celebrating Festivals Around the World》,
Evelyn Francis Capel — 축제는 자연의 순환과 연관되어 있을까? 아
니면 예수의 출현부터 시작되는 기독교 달력과 연관되어 있을까? 저자
는 자연 달력의 리듬 뒤에 무엇이 숨어 있는지를 깊이 탐구하고 있으
며, 대천사들과 기본 원소들이 맡고 있는 역할을 설명하고 있다.

《축제, 가족, 음식Festivals, Family and Food》, Diana Carey and Judy
Large — 축제들에 관해 탐험할 수 있는 자료들이 많이 실린 책, 네 계
절로 나누어져 있으며, 각 계절 속에는 생일, 티타임, 비 오는 날 등의
분화된 설명이 들어 있다. 650여 개가 넘는 노래들, 재미있는 놀이들,
음식 만들기, 이야기들, 시들이 실려 있다.

《아이들의 해The Children's Year》, Stephanie Cooper, Christine Fynes-
Clinton and Mary Rowling — 계절마다 알맞은 장난감들과 선물들
을 만들 수 있게 안내하는 책이다. 자세하고 풍부한 설명과 삽화가 실
려 있다.

《노자와 마더구스: 자장가와 전래 동요 속에 들어 있는 신화와 그 의미The
Tao and Mother Goose: Myth and Meaning in Nursery Rhymes》, Robin Carter
— 미술 교사인 저자가 직접 그린 삽화가 실려 있는 이 책은 재미있으
면서 정보도 풍부하다. 저자는 마더구스 동요가 영적인 우화인 경우가
많다고 암시하고 있다. 따라서 이 명상적인 그림책 속에 들어 있는 간
단한 말, 글귀, 생각들을 읽다보면 독자들은 마음 깊은 곳에서 영적인
불꽃이 타오를 것이다.

《일년 내내All Year Round》, Ann Druitt and Christine Fynes-Clinton and Marije Rowling — 가족들이 자기의 전통을 만들어 갈 때 이 책을 하나의 디딤돌로 사용할 수 있게 고안된 책이다. 이야기들, 시들, 놀이 활동들, 만들기, 노래들이 가득 들어 있는 책이다.

《이야기하자, 놀자: 아이들이 삶으로부터 배우는 법을 도와주기Let's Talk Let's Play: Helping Children How to Learn from Life》, Jane Winslow Eliot — 교훈, 노래, 놀이, 시, 축하하기 등이 포함된 부모들을 위한 실용적인 안내서.

《함께 하는 축제들: 다문화적인 축하 의식Festivals Together: A Guide to Multi-Cultural Celebrations》, Sue Fitzjohn and Minda Weston and Judy Large — 이 안내 자료는 축제 경험을 풍요롭고 폭넓게 해줄 수 있는 방법을 보여주고 있으며, 현대 사회가 지니고 있는 '세계화된 마을'의 본성을 성찰하게 해준다.

《노래하며 춤추기: 계절별로 둥그렇게 모여서 하는 놀이와 노래하면서 하는 전통 놀이들Dancing as We Sing: Seasonal Circle Plays & Traditional Singing Games》, Nancy Foster — 경험이 풍부한 발도르프 유아원 교사였던 저자가 모은 자료들이 실려 있다.

《축제 달력: 전통적인 축하 의례, 노래, 계절별 음식 요리법, 만들기A Calendar of Festivals: Traditional Celebrations, Songs, Seasonal Recipes & Things to Make》, Marian Green — 종교적인 축일에서부터 휴일까지, 축제일에서부터 개인적으로 축하할 만한 날까지 모든 달은 축제로 이루어져

있다. 이 책은 계절에 따라 이루어지는 관습들의 세세한 점들을 흥미
진진하게 탐험하고 있다. 예를 들어, 그것들이 무엇인지, 어떤 것을 표
현하고 있는지, 원래 의미가 무엇인지, 어디에서 유래한 것인지, 현대
를 살고 있는 우리와는 어떤 관련이 있는지를 보여주고 있다.

《어느 이른 아침: 민요, 돌림 노래, 발라드(譚詩), 뱃노래, 찬송가와 흑인
　　영가, 가곡Early One Morning: Folk Songs, Rounds, Ballads, Shanties, Spirituals
　　and Plantations Songs, and Madrigals》, Christophe Jaffke and Magda
　　Maier — 부모들, 선생님들, 아이들을 위한 다양한 음악을 골라서 모
　　아놓은 책이다. 다른 분야에서도 중요한 자료이다.

《아이의 계절별 보물 창고A Child's Seasonal Treasury》, Betty Jones
　　— 시, 노래, 손가락 놀이, 수공예, 요리법을 모아놓은 아름다운 이 책
　　은 오랫동안 발도르프 교사였던 저자가 조금씩 모은 것으로, 아이들의
　　놀이 안에 사계절을 통합해 넣을 수 있는 수많은 방법들을 보여준다.

《이 지상의 인간들을 위한 노래: 초록빛 영성을 위한 노래책Songs for
　　Earthlings: A Green Spirituality Songbook》, Julie Foster Middleton — 대
　　지의 노래, 신/여신에 관한 노래, 삶의 순환에 관한 노래, 이 행성의 거
　　주자들을 위한 사랑 노래들이 실린 책이다. 이 책은 지상에서의 삶을
　　지속하기 위해 우리가 어떻게 주의 깊고 온화하게 살아야 하는지를 보
　　여준다.

《창문으로 들어갔다 나와라: 젊은이들을 위한 그림이 있는 노래책Go In
　　and Out the Window: An Illustrated Songbook for Young People》,

Metropolitan Museum of Art — 61개의 고전적인 어린이 노래가 실려 있다. 일하면서 부르는 노래, 놀이하며 부르는 노래, 운율이 있는 노래, 자장가와 이야기하듯 부르는 노래가 포함되어 있다.

《신과 함께 춤을: 가족을 위한 종교 의례와 공동체를 위한 축하 의식To Dance With God: Family Ritual and Community Celebration》, Gudrud Mueller Nelson — 삶의 의미 그리고 그 흐름에 우리를 연결시켜주는 종교적 의식의 중요성을 현대의 독자들이 깨닫게 해주는 책이다.

《한 해를 따라가라: 기독교 축일을 가족이 축하하는 방법Follow the Year: A Family Celebration of Christian Holidays》, Mala Powers — 종파와 관계없이 현대의 가족이 일 년의 흐름을 통해 기독교 축제의 리듬을 이해하고 따르도록 도와주는 책이다. 절판되었지만 찾아볼 가치가 있는 책이다.

《웃는 아기: 자장가와 자장가를 부르는 이유를 기억하기 The Laughing Baby: Remembering Nursery Rhymes and Reasons》, Anne Scott — 저자는 리드미컬한 소리와 감각을 이용하는 자장가라는 매혹적인 놀이 형식이 어떻게 어른과 아이 사이의 유대감을 강화시켜주고 아이의 발달과 행복에 도움이 되는지를 설명하고 있다.

《하루 내내 노래하라: 어린 아이들을 위한 90곡의 노래들Sing Through the Day: Ninety Songs for Younger Children》, Society of Brothers — 세계 전역에서 모은 이 책은 아침에 일어나고, 잠자러 가고, 놀이하고, 춤추면서 부르는 노래와 생일, 추수 감사절, 부활절, 크리스마스 때 부르는 노래, 동물에 관한 노래와 심지어 비에 관한 노래들까지 실려 있다.

《계절에 맞춰 늘 노래하라: 아이들을 위한 99곡의 노래들Sing Through the
　　Season: Ninety-nine Songs for Children》 — 몇몇 노래들은 Society of Brother
　　가 지은 노래이고, 다른 것들은 처음에 독일어로 된 것을 영어로 번역한
　　노래들이다. 많은 사람들이 오랫동안 좋아하는 바람에 전세계로 퍼져나
　　가 모든 나이대의 사람들에게 영감을 주는 노래들이다.

《부모들과 아이들을 위한 기도Prayers for Parents and Children》, Rudolf
　　Steiner — 모든 상황에 쓰일 수 있는 시들. 이 시들은 태어나기 전, 삶
　　을 살아가는 동안, 죽음 이후에까지 보다 폭넓고 우주적인 관계를 통
　　찰하고 있는 루돌프 슈타이너의 철학에 기초한 시들이다. 이 주제에
　　관한 슈타이너의 강연도 포함되어 있다.

《아이들 파티를 위한 책: 생일날과 다른 행사들을 위한 책The Children's
　　Party Book: For Birthdays and Other Occasions》, Anne & Peter Thomas —
　　놀이, 수공예 활동, 인형극, 주제에 맞는 파티, 장식하기, 초대하기 등
　　많은 아이디어들로 가득한 책이다.

《원을 만들자Let Us Form a Ring》, Waldorf Association of Early
　　Childhood in North America (WECAN) — 유치원에서 둥그렇게 모
　　이는 시간에 부르는 노래, 시, 이야기들이 계절별로 그리고 생일과 하
　　루의 시간에 따라 분류되어 있다.

《우리의 기쁨을 위한 계절들: 유대교 축일에 관한 현대적인 안내Seasons of

Our Joy: A Modern Guide to the Jewish Holidays》, Arthur Waskow — 유대교 축일의 기원, 의식의 절차, 새로운 시도들, 요리법, 노래들이 포함된 이 안내서는 독자들로 하여금 한 해를 따라가며 영적인 여행을 하도록 이끈다.

이야기 들려주기, 놀이, 그리고 인형극

《이야기 들려주기라는 예술The Art of Storytelling》, Nancy Mellon — 이 오래된 예술은 오늘날의 전자 기술적인 오락 세계에 대한 해독제이다. 이 책을 통해 아이들에게 이야기를 들려줌으로써 어떻게 마법의 분위기를 만들 수 있는지 배워보자. 또한 이야기의 미묘한 내용과 우리가 살고 있는 세계 안에서 원형적인 힘을 표현해주는 상징들을 발견해 보자.

《인형극 대본Plays for Puppets》, Roy Wilkinson — 유치원에서 들려줄 수 있는 잘 알려진 동화에 기초해 있다. 비단으로 만든 마리오네트 인형극에 알맞다.

《즐거운 삶A Lifetime of Joy》, Bronja Zahlingen — (원래는 인형극과 마리오네트 인형극 대본) 유치원에서 인형극 공연에 사용하기 알맞은 동화 모음집으로, 시와 노래가 함께 실려 있다. 마리오네트 인형을 만드는 법도 소개되어 있다.

부모 노릇하기

《당신은 당신 아이의 첫 번째 선생님입니다You Are Your Child's First Teacher》, Rahima Baldwin-Dancy — 발도르프 유치원 교사였던 저자가 쓴 책으로, 어린 아이를 키우는 데 관련된 풍부한 자료가 실려 있다. 갓난아이를 맞이하고 돌보는 방법, 걸음마하는 아이의 발달을 돕는 법, 태어나서 처음 3년 동안 부모 노릇과 관련된 주제들이 실려 있다.(참고: 위의 제목으로 2002년 정인출판사에서 한국어판 출간)

《놀이하는 아이들: 어린 시절의 발달 과정에 발도르프 교육 원리들을 적용하기Children at Play: Using Waldorf Principles to Childhood Development》, Heidi Britz-Crecelius — 어머니이자 발도르프 교육의 지지자인 저자는 아이의 상상력이 펼쳐지도록 해주는 특별한 놀이들, 장난감, 미술 재료들을 추천하고 있다.

《부모 노릇하기: 어린 시절을 경험하는 하나의 길 Parenting: A Path Through Childhood》, Dotty Coplen — 어머니이자 할머니인 자신의 경험과 심리학과 사회 복지에 관련된 연구를 결합하여 저자는 아이들의 본성과 욕구에 대한 통찰을 보여주고 있다.
《건강한 미래를 향하여 부모노릇하기Parenting for a Healthy Future》 — 부모노릇을 하면서 겪게 되는 도전들에 실천적이고 영적인 전망을 보여주는 책.

《일곱 번째 태양: 하루의 리듬을 따라 아이들을 안내하기Seven Times the Sun: Guiding your Child Through the Rhythms of the Day》, Shea Darian — 실제적이고 놀이 중심적인 내용이 들어 있다. 식사 시간, 잠자는 시간, 자잘한 일들을 하는 시간, 낮잠 시간 같은 하루의 일들을 즐겁게 할 수 있는 방법들을 보여준다.

《삶의 길들: 가족과 관련된 문제들을 연구하기Lifeways: Working with Family

Questions》, Gudurun Davy and Bond Voors — "가정"의 의미, 그리고 개인적인 성취와 가족생활 사이의 긴장에 관련된 90개의 에세이 모음집.

《보다 많은 삶의 길들: 가정생활에서 격려와 영감을 발견하기More Lifeways: Finding Support and Inspiration in Family Life》, Patti Smith & Signe E. Schaefer가 편집 — 귀 기울여 듣기, 내적인 성장, 돈, 섹스, 권력, 영성, 혼자서 아이 키우기, 아버지 노릇, 가족의 죽음과 죽어감, 입양 같은 주제들에 관련된 27개의 글이 실려 있다.

《가족 키우기: 이 행성에서 부모로 살아가는 일Raising a Family: Living on Planet Parenthood》, Don Elium & Jeanne — 이 책은 환경을 주의 깊게 돌볼 수 있는 방법을 소개하고 있다. 가족 안의 개개인은 각기 다른 방향으로 나가기보다 오히려 같은 목적을 가지고 함께 이 행성에 온 그룹이라는 관점을 보여주고 있다.

《아들 키우기: 부모들 그리고 건강한 남자로 키우는 일Raising a Son: Parents and the Making of a Healthy Man》: 남자 아이들을 건강하고, 자신 있고, 사랑이 많은 남자로 키우는 일에서 만나는 도전들을 소개하는 책으로 이 분야에서 선구자적인 책이다.

《딸 키우기: 부모들 그리고 건강한 여자로 일깨우는 일Raising A Daughter: Parents and the Awakening of a Healthy Woman》 — 우리 문화로부터 여자 아이들이 받는 모순적인 메시지들을 부모들은 어떻게 해결할 것인지를 도와주며, 계속 변화하고 있는 사회적인 태도들에 관해 소개하고 있다.

《너무 빨리 너무 금방 자라남Growing Up Too Fast Too Soon》, David Elkind,

— 부모와 선생님들이 어린 시절의 기쁨과 자유를 보호하면서 아이의
건강한 성장을 북돋울 수 있도록 희망과 통찰을 제시하는 책이다.

《서둘러 키워지는 아이: 너무 빨리 너무 금방 자라남The Hurried Child:
Growing Up Too Fast Too Soon》 — 오늘날 아이들은 발달상의 준비가 되기
도 전에 어른의 복잡함을 흉내내게 된다. 하지만 마음 한 구석에서 아
이는 비밀스레 순수함을 갈망하고 있다. 이런 상황은 아이들에게 지적
으로나 감정적으로 빨리 성숙하라는 압력이 된다.

《스트레스를 주는 구속들: 새롭게 나타난 가족의 불균형The Ties That
Stress: The New Family Imbalance》 — 지난 이십 년, 삼십 년 동안 미국 가
족에 나타난 변화와, 그 변화가 아이들에게 미치는 손실을 요약하고
있다.

《발도르프 학생들을 위한 도서 목록 Waldorf Student Reading List》,
1995년 제3판, Pamela Fenner and Karen Rivers — 아이들을 위해
좋은 책을 선택하고 싶은 부모들, 선생님, 도서관 사서, 홈 스쿨을 하는
사람들에게 도움이 되는 포괄적인 도서 목록.

《아이의 건강을 위한 안내서A Guide to Child Health》, Micaela Glockler
and Wolfgang Goebel — 이 책은 독일 Herdecke에 있는 인지학을
적용하는 큰 종합 병원의 상담실에서 오랫동안 경험을 쌓은 저자가 쓴
의학적이고 교육적인 안내서이다.

《아이들은 어떻게 놀이를 할까How Children Play》, Ingeborg Haller — 취
학 전 아이들의 성장에서 상상력이 풍부한 놀이는 아주 중요한 역할을
한다. 놀이를 할 수 있는 아이의 자유는 나중의 삶에서 행복과 균형 있

는 작업 태도 그리고 책임감의 뿌리가 된다.

《위기에 처한 마음: 왜 아이들은 생각하지 않을까 그리고 이에 대해 우리가 할 수 있는 것이 무엇일까Endangered Mind: Why Children Don't Think and What We Can Do About It》, Jane Healy MD. ― 이 책은 언어, 배움, 두뇌 발달 사이의 관련성을 탐구하고 있다. 저자는 현대의 생활양식이 아이들의 언어 습득과 사고 능력을 방해한다고 설명하고 있다.

《가정을 찾아서: 여성의 일, 돌보기, 나누기In Search of Home: Women Working, Caring, Sharing》, Noraugh Jones ― 저자는 연속적인 관계를 맺는 여성, 혼자서 아이를 키우는 여성, 레즈비언 커플, 이혼하거나 별거한 여성, 나이 들어 홀로 된 여성, 여행자, 창의적인 외톨이로 살아가는 여성들의 삶에 귀를 기울이고 있다. 이 모든 여성들 각각은 나름대로 "가정"이라는 자신들의 비전을 창조하고 있지만, 전통적인 가정의 모습과는 닮은꼴이 거의 없을 수도 있다. 하지만 각각의 가정들은 정서적이고 도덕적인 성숙을 향해 가는 하나의 길을 반영한다.

《부모라는 사람들Parents as People》, Franklin Kane ― 경험이 많은 베타랑 급 발도르프 교사인 저자는 성장하고 있는 아이의 생활과 리듬의 중요성을 설명하고 있다. 발도르프 교육과 슈타이너의 철학에 대한 그의 설명에는 특수한 사람에게만 통하는 전문용어들이 별로 없어서 누구나 읽기가 쉽다.

《아이의 발달 단계: 몸, 영혼, 정신의 성장 Phases of Childhood: Growing in Body, Soul and Spirit》, Bernard Lievegoed ― 루돌프 슈타이너의 사상에

비추어 아이의 발달을 탐구하고 있다. 많은 발도르프 학부모들과 선생님들이 가장 많이 읽었고 여러 번 다시 읽게 되는 책들 중의 하나이다.

《진화의 끝: 우리의 지성이 지닌 잠재력을 주장하기Evolution's End: Claiming the Potential of our Intelligence》, Joseph Chilton Pearce — 저자는 학문적인 연구 결과와 개인적 경험 둘 다를 채택하여 인간 지성의 진화에 관한 자신의 연구 주제를 탐구하고 있다. 우리 문화 때문에 인간의 발달에 장애가 되고 도전이 되는 것들에 관해 몇 가지 광범위한 통찰을 제공해주고 있다.

《마법의 아이Magical Child》 — 모든 아이는 각기 자신의 성숙에 따른 발달 국면이 있음을 논의하고 있으며, 모든 것에는 다 알맞은 시간이 있기 마련임을 강조하고 있다. 이 말이 의미하는 바는 아이를 작은 방에 "방치"하라는 뜻도 아니고, 취학 전 아이에게 읽기를 강요하라는 뜻도 아니다. 오히려 아이가 텔레비전을 보는 일을 제한하고, 자유롭게 상상하고 놀이를 하도록 격려하라는 뜻이다.

《마법의 아이가 성숙하다Magical Child Matures》 — 아마도 절판되었을 것이다. 하지만 도서관에서 찾아볼 가치가 있는 책이다.

《어린 시절의 경이로움The Wonder of Childhood》, Rene Querido — 태어나서 처음 3년 동안에 일어나는 아이의 삶을 설명하고 있다.

《육화된 아이The Incarnating Child》, Joan Salter — 모자 보호에 관한 전문가인 저자는 임신, 출산, 아이의 어린 시절부터 사춘기가 될 때까지 육체적이고 영적인 발달, 건강, 환경, 배움에 관해 자신이 연구한 바를 소개하고 있다.

《온 마음을 다해 어머니 노릇하기: 아이 키우기라는 특별한 일 Mothering with Soul: Raising Children as Special Work》— 저자는 아이 키우기란 마음을 기울여서 해야 하는 영적인 일이지 단순히 실제적인 직업이 결코 아니라고 보고 있다. 책에는 임신, 출산, 모유 수유, 하루의 리듬, 의식의 진화, 가정 바깥에서의 일, 아이 돌보기, 할머니 등의 분야가 포함되어 있다.

《A는 Ox에 나오는 단어이다: 전자 세대에게서 나타나는 현상인 읽고 쓰는 능력의 붕괴와 폭력의 출현A Is for Ox: The Collapse of Literacy and the Rise of Violence in an Electronic Age》, Barry Sanders — 저자는 읽고 쓰는 능력이란 무엇이고, 어떻게 그것이 말로 전해지는 문화에서 발전해가고, 왜 중요한가를 다시 정의하자고 요구한다. 이 책에는 읽고 쓰는 능력을 북돋울 수 있는 프로그램이 제시되어 있다.

《가정주부가 하는 영적인 일들The Spiritual Tasks of the Homemaker》, Manfred Schmidt-Brabant — 현대를 사는 가정주부에게 힘과 통찰을 가져다주기 위해 어떻게 영적인 지식을 이용할 수 있는가가 실려 있다.

《알아차리고 있는 아기The Aware Baby》, Aletha J. Solter, Ph.D. — 저자는 아이가 듣고 있다는 것에 관련된 많은 전통적인 믿음들을 연구하면서 새로운 이론을 설명하고 있다. 이 설명이 포함하고 있는 바는 포괄적일 뿐만 아니라 유용하고 실제적이다.

《어린 아이들이 잘 자라게 돕기Helping Young Children Flourish》 — 이 책에는 어린 아이들의 감정에 관한 저자 자신의 통찰이 들어 있으며, 벌

을 주거나 상을 주는 일을 대신할 수 있는 효과적인 대안을 설명하고
있다.

《자연스런 어린 시절: 발달하고 있는 아이를 둔 부모를 위한 실용적이고
총체적인 첫 번째 안내서Natural Childhood: The First Practical and Holistic
Guide for Parents of the Developing Child》, John Thomson 총 편집.― 루
돌프 슈타이너, 존 홀트John Holt, 칼 로저스Carl Rogers처럼 개화된 사상
가들의 아이디어들은 아이의 내적인 발달에 새로운 통찰을 제공해준
다. 이 책은 관계 맺기, 교육, 건강, 창조성, 놀이와 관련해서 전통적인
측면뿐만 아니라 새롭고 풍요로운 아이디어들을 탐구하고 있다.

《어린 시절: 자라나는 아이에 관한 연구Childhood: A Study of the Growing
Child》, Caroline von Heydebrand ― 이 책은 아이의 발달과 관련해
서 다양한 접근 방법들을 하나로 통합하고 있다. 저자 자신이 루돌프
슈타이너의 강의를 듣는 학생이었다. 그래서 슈타이너의 통찰은 물론
이고 생리학, 기질론 등을 통합하여 설명하고 있다.

《아이가 태어나다: 임신, 출산, 초기 어린 시절A Child is Born: Pregnancy,
Birth, First Childhood》, Wilhelm zur Linden ― 소아과 의사이자 일반
개업의였던 자신의 오랜 경험과 인간 존재가 세 겹(몸, 영혼, 정신)으로
이루어진 존재라는 이해에서 우러나온 통찰을 가지고, 저자는 적절하
게 아기 돌보기, 영양 공급하기, 양육하기에 관해 설명하고 있다.

텔레비전과 테크놀로지
《아이와 기계: 컴퓨터는 왜 아이의 교육을 위험에 빠트릴 수 있을까The

Child and The Machine: Why Computer May Put Our Child's Education at Risk》, Alison Armstrong & Charles Casement — 연구의 깊이와 엄밀함에서 기초가 탄탄한 책이다. 과학적이고 의학적인 연구들을 설명하고 있으며, 결론 역시 믿을 만하다.

《외눈박이 아이들: 발달하고 있는 인간 뇌에 텔레비전 보기가 끼치는 영향The Children Of Cyclops: The Influence of Television Viewing On the Developing Human Brain》, Keith Buzzell — 텔레비전을 보는 경험은 자라나는 아이의 인지적인 발달에 부정적인 영향을 끼치는가? 새로운 연구이다.

《관계 맺기에 실패하는 일: 컴퓨터가 아이들의 마음에 어떤 영향—좋은 영향 아니면 나쁜 영향—을 끼칠까?Failure to Connect: How Computers Affect Our Children's Minds-for Better or Worse》, Jane Healy — 이 책에는 컴퓨터와 아이를 결합시키는 일이 얼마만큼 좋은가에 관한 논쟁이 중요하게 덧붙여져 있다.

《누가 그들을 키우는가? 어떻게 TV 보는 습관을 없앨까?Who's Bringing Them Up? How to Break the T.V. Habit》, Martin Large — 아이들과 가족 생활에 텔레비전이 끼치는 영향을 설명하면서 텔레비전 보는 것을 끊으라는 제안이 실려 있다.

《마약에 접속하는 것과 같은 텔레비전: 텔레비전, 아이들 그리고 가족The Plug-In Drug: Television, Children and the Family》, Marie Winn — 수동적으로 텔레비전을 보고, 비디오 게임을 하고, 컴퓨터를 하는 일이 발달하고 있는 아이에게 미치는 영향을 탐구하고 있다.

발도르프 교육

발도르프 교육에 관해 좀더 알고 싶을 경우라면, 참고할 만한 아주 훌륭한 책들이 많이 있다. 만일 루돌프 슈타이너와 다른 사람들이 쓴 책들을 지역 도서관이나 서점에서 찾기가 어렵다면, 아래에 소개되는 발도르프 교육, 인지학과 관련된 자료들이나 출판사 목록을 통해 주문할 수 있다.

《발도르프 유치원에 관한 개요An Overview of the Waldorf Kindergarten》, Joan Almon — '발도르프 유치원 소식지' 1981~1992의 기사들. 제1권. 실용적인 안내서이다.

《발도르프 유치원에 관한 보다 깊은 이해A Deeper Understanding of the Waldorf Kindergarten》, Joan Almon — '발도르프 유치원 소식지' 1981~1992의 기사들. 제2권. 어린 아이의 발달에 관련된 영적인 배경에 대한 기사들이다.

《루돌프 슈타이너 교육Rudolf Steiner Education》, Francis Edmunds — 영어를 사용하는 발도르프 학교에서 가장 중요하게 여겨지는 책이며, '발도르프 학교란 무엇인가' 에 대한 질문에 권위 있는 대답을 해주고 있다.

《발도르프 교육, 가족을 위한 안내서Waldorf Education, A Family Guide》, Pamela Fenner & Karen Rivers — 발도르프 교육 세계로 안내하는 논문 모음집. 부모들의 질문과 관심사에 대한 소개를 해주고 있으며, 발도르프 교육을 명확하게 이해할 수 있도록 자세히 설명하고 있다. 새로이 발도르프 학부모가 되는 사람들에게 적극 권장되는 책.

《하나의 여행으로서의 학교: 한 발도르프 선생님과 그의 학급이 함께 한 8년 동안의 오디세이School as a Journey: The Eight-Year Odyssey of a Waldorf Teacher and His Class》, Torin Finser — 발도르프 선생님과 그가 지도한 학급에 관한 아주 재미있고 개인적인 이야기

《어린 시절의 교육Early Childhood Education》, Elisabeth Grunelius — 발도르프 유치원의 조직과 목적을 설명하고 있는 이 선구적인 책은, 유치원에 대한 전체적인 개요, 실내와 실외에 구비된 것들, 하루의 리듬을 내용에 포함하고 있다.

《어린 시절에 인간으로 되살아나기: 루돌프 슈타이너의 교육에 대한 연구 The Recovery of Man in Childhood: A Study of the Educational Work of Rudolf Steiner》, A. C. Harwood — 유치원에서부터 12학년까지 이루어지는 발도르프 교육 방식에 관해 알기 쉽게 설명하고 있다. 발도르프 교육의 이론적이고 실천적인 면을 포괄적으로 깊이 알고 싶을 때 적극 추천할 수 있는 책이다.

《아이의 길The Way of a Child》, A. C. Harwood — 아이의 발달 과정과 발도르프 교육에 관해 가장 잘 알려진 안내서들 중의 하나이다.

《아이들을 위한 정원Nøkken: A Garden for Children》, Helen Hechman — 발도르프 교육에 기초하여 덴마크에서 이루어지는 아이 돌보기를 설명하고 있다.

《당신은 알고 싶을 것이다… 발도르프 교육이 무엇이고, 발도르프 교육이

아닌 것은 무엇인지를You Wanted to Know… What a Waldorf School is… and What It is not》, Alan Howard — 지도적인 위치에 있는 발도르프 교육자가 쓴 이 작은 책자는 질의응답 형식으로 구성되어 있다. 발도르프 교육의 역사, 배움의 경험, 학교/공동체에 관련된 기본적인 물음들에 대한 대답들이 실려 있다.

《교육에서 대안을 찾는 부모들을 위한 안내서 The Parent's Guide to Alternatives in Education》, Ronald E. Koetzsch — 대안 학교에 관련된 광범위한 선택 범위들을 처음으로 자세하게 소개하고 있는 책. 아이에게 어떤 종류의 교육이 알맞은가를 선택해야 할 때 참고할 수 있는 모든 정보들이 들어 있다.

《발도르프 학교, 제 1권과 2권Waldorf Schools, Volume 1 and 2》, Ruth Pusch 편집 — 발도르프 교육의 모든 측면에 관한 글 모음집. 이 글들은 거의 40여년이 넘는 시기 동안 뉴욕 시에 있는 루돌프 슈타이너 학교의 회보인 'Education as an Art'에 실린 것들이다. 제1권은 어린 시절. 제2권은 상급 학년 시절.

《교육에서의 창의성: 발도르프 교육의 접근 방식Creativity in Education: The Waldorf Approach》, Rene M. Querido — 아이의 모든 면이 균형 있게 발달하는 것을 목표로 삼고 있는 발도르프 교육의 접근방식을 설명하고 있다.

《발도르프 교육에 대한 소개An Introduction to Waldorf Education》, 《어린 시절의 왕국The Kingdom of Childhood》, 《아이의 변화하는 의식The Child's

Changing Consciousness》 그 외 다수, Rudolf Steiner — 목록들은 Rudolf Steiner College Press와 Bookstore에 연락하면 받을 수 있다.

《발도르프 교육의 기초에 관한 연속 간행물Foundations of Waldorf Education Series》, Rudolf Steiner — 발도르프 교육과 관련해서 루돌프 슈타이너가 행한 모든 강연과 저술들이 영어로 실리게 될 새로운 연속 간행물이다. 목록을 원하면 Anthroposophical Press에 연락하면 된다.

《어린 시절Childhood》, Caroline von Heydebrand — 발도르프 유치원에 관한 고전적인 책이다. 저자는 맨 처음 세워진 발도르프 학교에서 루돌프 슈타이너와 함께 일했던 사람이다. 그녀의 책에는 취학 전 아이들과 함께 지내면서 얻은 풍부한 통찰들이 실려 있다.

《발도르프 유치원 소식지The Waldorf Kindergarten Newsletter Spring》(1998), Waldorf Early Childhood Association of North America(WECAN) — 유치원에서 일하는 전문가들이 쓴 이 기사 모음집에는 아이들과 함께 하는 활동, 노래, 이야기들도 실려 있다. 건강에 관련된 주제, 국제적인 연구와 조사 작업이 실린 것도 몇 가지 특색들 중의 하나이다.

《양식 있는 학교 교육 그리고 새롭게 태어난 교육 Commonsense Schooling and Renewing Education》, Roy Wilkinson — 루돌프 슈타이너의 교육적 사고와 방법론에 관한 실용적인 안내서. 교육의 목적, 아이의 본성, 발도르프 학교의 구조와 체계 같은 주제들을 검토하고 있다.

비디오

《교육에서 모험을 시도해보기: 공립학교에 영감을 주는 발도르프 교육
Taking a Risk in Education: Waldorf Inspired Public Schools》(48분) — 이 비디
오는 발도르프 교육 커리큘럼이 어떻게 미국 전역의 공립학교 안에 통
합되고 있는가를 보여준다. 선생님, 교육행정가, 학생들이 발도르프
프로그램 안에서 일하고 공부하는 모습을 직접 엿볼 수 있다.

《발도르프 교육의 약속Waldorf Promise》(53분) — 자기 반에서 발도르프 교
육을 적용하는 여덟 명의 공립학교 선생님들이 개인적 경험뿐만 아니
라 자기 학급에서의 경험을 이야기하고 있다.

《도시의 발도르프 학교: 밀워키 공립학교 생활의 하루 Urban Waldorf: A Day
in the Life of a Milwaukee Public School》(20분) — 미국에 있는 공립학교를
활기차게 하고 향상시키는 데 발도르프 커리큘럼이 어떻게 적용되는
지를 보여주는 다큐멘터리.

《발도르프 교육: 전체성에 관한 비전Waldorf Education: A Vision of Wholeness》
(16분) — 몇몇 발도르프 학교의 커리큘럼을 선생님, 학생들, 부모님들
의 모습과 함께 생생히 보여준다.

인지학

독자들이 영어로 된 루돌프 슈타이너의 광범위한 도서 목록과 전기물들을
보고 싶다면, Anthroposophic Press, Mercury Press, Rudolf Steiner
College Press에 카탈로그를 보내달라고 요청하면 된다. 다음에 소개하는
것들은 그 중에서 단지 몇 개를 고른 것이다.

《정신을 향한 삶: 우리 시대의 흐름을 거꾸로 거슬러 간 루돌프 슈타이너 A Life For the Spirit: Rudolf Steiner in the Crosscurrents of Our Time》, Henry Barnes — 자신의 전 생애를 인류와 정신에 봉사하는데 바친 활동적인 리더였던 루돌프 슈타이너의 역동적인 삶을 자세히 이야기하고 있다. 이 책에서는 슈타이너를 역사의 흐름을 거슬러서 살았던 사람으로 위치 시키고 있다.

《인지학의 길-지금 시대의 문제점들에 대한 해답The Way of Anthroposophy -Answers to Modern Questions》, Stewart Easton — 인지학에 대한 소개를 하고 있는 이 작은 책은 루돌프 슈타이너에 관한 가장 저명한 해석자들 중의 한 사람이 쓴 책이다.

《인지학에 비추어 본 인간과 세계Man and World in the Light of Anthroposophy》, Stewart Easton — 슈타이너가 공헌했던 많은 분야에서 그의 가르침을 개괄적으로 소개하고 있는 책이다. 이 책은 슈타이너가 인류에게 나누어준 풍요롭고 거대한 자산들을 독자들이 이해할 수 있게 해준다.

《슈타이너 사상에서 가장 본질적인 것 The Essential Steiner》, Robert McDermott 편집 — 루돌프 슈타이너의 사상과 연구 작업에 쉽게 접근하도록 만든 소개서이다. McDermott가 쓴 소개 글과 슈타이너의 책과 강연에서 뽑은 17개의 장이 실려 있다. 인지학을 공부하는 많은 학생들이 빼놓을 수 없는, 꼭 필요한 책이라고 여기는 책이다.

《인간의 이해Understanding the Human Being》, Richard Sedden 편집 — 루

돌프 슈타이너의 저작 중에서 주의 깊게 선택된 선집으로, 광범위한 주제에 관련된 그의 근본 사상을 전체적으로 조망해볼 수 있다.

《영혼을 깨우는 12감각The Twelve Senses》, Albert Soesman — 슈타이너의 연구에 비추어서 인간의 감각을 경험하고 이해할 수 있는 분명한 방법들을 보여준다. 상상력이 풍부한 이 책의 접근 방식은 선생님, 의사, 치유가, 상담가들, 심리학자, 과학자들이 연구하기 쉽게 안내해준다.(참고: 위의 제목으로 2007년 섬돌에서 한국어판 출간)

《내 삶의 진로The Course of My Life》(슈타이너의 자서전), Rudolf Steiner
아래에 소개되는 책들은 루돌프 슈타이너의 사상 중에 가장 본질적인 것들을 포함하고 있으며, 인지학의 "기본이 되는 책들"이라고 여겨지는 것들이다.
《어떻게 초감각적 세계를 인식할 것인가, 영적인 세계로 입문하는 현대적인 길How to Know Higher Worlds, a Modern Path of Initiation》(책과 오디오 판이 있다.)(참고: 《초감각적 세계 인식》으로 1999년 물병자리에서 한국어판 출간)
《영적인 길로서의 직관적 사고, 자유의 철학Intuitive Thinking as a Spiritual Path, A Philosophy of Freedom》 (원래는 《The Philosophy of Freedom》 or 《The Philosophy of Spiritual Activity》란 제목이었음.)
《비밀리 전해지는 학문의 개요An Outline of Esoteric Science》(원래는 《An Outline of Occult Science》란 제목이었음.)
《신지학, 인간의 삶과 우주에서 진행되는 영적인 과정의 소개 Theosophy, An Introduction to the Spiritual Processes in Human Life and in the Cosmos》(참고: 《신지학》으로 2001년 물병자리에서 한국어판 출간)

《신비롭고 상징적인 진실을 보여주는 그리스도교Christianity as Mystical Fact》

출판사 목록들

AWSNA Publications, Renewal Production and Sales
3911 Bannister Road Fair Oaks, CA 95628
Phone: 916-961-0927   Fax: 916-961-0715
Email: publications@awsna.org   www.waldorfeducation.org

Mercury Press
241 Hungry Hollow Road, Chestnut Ridge, NY 10977
Phone: 914-425-9357   Fax: 914-425-2107

Rudolf Steiner College Press
9200 Fair Oaks Blvd, Fair Oaks, CA 95628
Phone: 916-961-8729   Fax: 916-961-8729
Email: orders@steinercollege.edu   www.steinercollege.edu

Steiner Schools Fellowship Publications
Kidbrooke Park, Forest Row, Sussex, RH18 5JB UK
Phone: +44 1342 822 115   www.steinerwaldorf.org.uk

SteinerBooks Anthroposophic Press
PO Box 960, Herndon, VA 20172-0960
Phone: (703) 661-1594   Toll free(무료 전화) in US: 1-800-856-8664
Fax: (703) 661-1501   Toll free fax(무료 팩스) in US: 1-800-277-7947
Email: service@steinerbooks.org   www.steinerbooks.org

재료를 구입할 수 있는 곳

다음에 소개하는 것들은 유치원 부모들과 선생님들이 특별히 관심을 가질 만한 재료 공급처들을 몇 개 선택한 것이다. 이 가게들은 완성된 물품뿐만 아니라 물건을 만들 수 있는 재료들도 제공할 것이다. 다른 재료 공급처 목록들은 또한 Waldorf Early Childhood Association(WECAN)과 다른 발도르프 교육 관련 기관을 통해서 구할 수 있다.

복합적인 품목들: 인형, 수공예품, 장난감 등등
A Child's Dream Come True
1223-D Michigan Street, Sandpoint, Idaho 83864
Toll-free(무료 전화) in US: 1-800-359-2906
Email: info@achildsdream.com   www.achildsdream.com

June Albright
Rt. 5, North Hartland, VT 05052
Phone: 802-221-1112

Blessings Catalog
11115 E. Shady Lane, Tucson, AZ 85749
Toll-free(무료 전화) in US: 1-800-864-0131
Phone: 520-760-1396   Fax: 520 844-1104
Email: info@blessingscatalog.com   www.blessingscatalog.com

Creative Hands
PO Box 2217, Eugene, OR 97402
Phone: 541-343-1562

Store: 488 Willamette Street, Eugene, OR 97401

Heartwood Arts
8987A Soda Bay Road, Kelseyville, CA 95451
Toll-free phone/fax (무료전화/팩스) in US: 1-800-488-9469
www.heartwoodarts.com

Hedgehog Farms
8 Grand Oak Farm Road, Hadley, MA 01035
Phone/fax 413-586-5267
www.hedgehogfarm.com

Magic Cabin
PO Box 1049, Madison, VA 22727-1049
Toll-free(무료 전화) in US: 1-888-623-3655
Toll-free(무료 팩스) in US fax: 1-888-252-8464
www.magiccabin.com

Mercurius USA
4321 Anthony Court, Unit 5, Rocklin, CA 95677
Phone: 916-652-9696   Fax: 916-652-5221
Email: info@mercurius-usa.com

Nova Natural Toys and Crafts
140 Webster Road, Shelburne, VT 05482
Toll-free in US: 1-877-668-2111
Fax: 802-304-9167
Email: info@novanatural.com   www.novanatural.com

Paper, scissors, Stone
PO Box 428, Viroqua, WI 54665
Phone: 608-637-7686 Fax: 608-637-6158
www.waldorfsupplies.com

Rudolf Steiner College Bookstore
9200 Fair Oaks Boulevard, Fair Oaks, CA 95628
Phone: 916-961-8729 Fax: 916-961-3032
Email: orders@steinercollege.edu www.steinercollege.edu

Sunbridge College Bookstore
260 Hungry Hollow Road, Chestnut Ridge, NY 10977
Phone: 845-425-0983 www.sunbridge.edu/bookstore

Weir Dolls and Crafts
2909 Parkridge Drive, Ann Arbor, MI 48103
Phone: 734-668-6992 Fax: 734-668-9320
www.weirdollsandcrafts.com

펠트
Aetna Felt Company
2401 W. Emaus Avenue, Allentown, PA 18103
Toll-free(무료 전화) in US: 1-800-526-4451 Fax: 610-791-5791
Email: info@aetnafelt.com www.aetnafelt.com

실크
Ruppert, Gibbon & Spider
PO Box 425, Healdsburg, CA 95448
Toll-free in US: 1-800-442-0455   Fax: 707-433-4906

www.silkconnection.com

Sureway Trading Co.
826 Pine Ave., Suites 5 & 6, Niagara Falls, NY 14301
Phone: 416-596-1887
555 Richmond St. West, Suite 507
Toronto, ONT M5V 3B1 CANADA
Phone: 416-596-1887

털실

Wilde Yarns
3737 Main Street, PO Box 4662, Philadelphia, PA 19127-0662
Phone: 215-482-8800   Toll-free in US: 1-800-423-0775
Fax: 215-482-8210   www.wildeyarns.com

Kinderhof Fibers
76 Boice Road, PO Box 551, N. Egremont, MA 01252
Phone: 413-528-2485, 413-528-9297

음악

Song of the Sea
Edward and Anne Damm
47 West Street, Bar Harbor, ME 04609
Phone: 207-288-5653   Fax: 207-288-8136
Email: mail@songsea.com   www.songsea.com

Nature's Song & Rose Lyre
230 Joslen Boulevard, Hudson, NY 12513
Toll-free(무료 전화) in US: 1-888-650-4050   Fax: 518-822-1033

Outside US: 518-822-1033
Email: susan@naturessong.com www.naturessong.com

naturally you can sing™
Mary Thienes Schunemann
3026 South Street, East Troy, WI 53120
Toll-free(무료 전화) in US: 1-800-640-5905
Phone: 262-642-5921 Fax: 262-642-2184
Email: mary@naturallyyoucansing.com

건강 관련 용품과 화장품

Dr. Hauschka Skincare
59 North Street, Hatfield, MA 01038
Toll-free(무료 전화) in US: 1-800-247-9907
www.drhauschka.com

Vidar Goods
PO Box 41, Faber, VA 22938
Phone/fax: 434-263-8895
Toll-free in US: 1-800-769-1651
Email: vidargoods@earthlink.net

Weleda, Inc.
1 Closter Road, PO Box 675, Palisades, NY 10964
Toll-free in US: 1-800-241-1030
www.usa.weleda.com

감사의 말

이 책을 출간할 수 있게 영감을 준 'Parent Enrichment Series'의 후원자인, 일리노이 주 에반스톤Evanston에 있는 그레이트 오크스 학교Great Oaks School에 감사한다. 이 책의 공동 저자인 우리들은 인세를 그레이트 오크스 학교에 기증하고 있다.

아주 친절한 머리말을 써준 Janet Kellman, 따뜻함의 중요성에 관해 글을 써준 Dr. Andrea Rentea에게 감사한다. 이 두 분의 글은 우리의 책을 풍요롭게 만들어 주었다.

Ellen Taylor는 대단히 귀중한 도움과 지원을 해주었다. 그녀의 학문적인 지식은 이 책의 내용에 관해 충분히 질문하고 대답하는 데 기초가 되어 주었다. 이 책의 독자가 되어준 Mary Ber, Lisa Basset, Bonnie Chauncey, Zahava Fisch에게 감사하며, Dorothy Creed에게도 감사한다.

편집 기술을 제공하는 일을 통해, 발도르프 교육과 인지학 관련 서적을 출판해온 자신의 경험으로 이 책에 도움을 준 Nancy Parsons에게 감사한다.

Cynthia Aldinger, Joan Almon과 Susan Grey Weber는 이 책의 동화에 관련된 부분에 도움이 되는 논평과 제안을 해주었다.

Claude Julien은 1998년 8월에 캘리포니아의 새크라멘토Sacramento에서 열렸던 콜리스코 회의Kolisko Conference의 화씨 110도(대략 섭씨 29도)가 넘는 더위 속에서, 조언과 더불어 우리로 하여금 출판이라는 큰 세계로 들어갈 수 있게 도와주었다.

필요할 때 우리에게 법적인 도움을 준 Paul Carmen에게도 감사한다. 특히 "12가지 감각"이란 장을 위해 회의 기간 동안 특히 그 부분에 초점을 맞춰 준 Mimi Acciari, Beth Kelly, Mary Spaulding, Carol Regenhardt에게 특별한 감사를 표하고 싶다.

수년 동안 River Park Children's Garden의 구성원이었던 모든 아이들과 부모님들에 따스한 감사를 드리고 싶다. 그들은 우리 책을 구성하는 중요한 부분들인 나날의 생활 경험에 깊이와 유머를 제공해 주었다. 이 책에 실린 몇몇 사진들은 이 멋진 학생들을 찍은 것이다.

4년 동안 River Park Children's Garden에서 도움을 주면서 함께 배웠던 화가 Jean Riordan에게 고마움을 표하고 싶다. 그녀는 아이들의 생일을 위해 아름다운 그림을 많이 그려주었고 유치원 졸업식에서는 아이들에게 메모리 북을 만들어주었다. 세월이 흐른 뒤 그녀가 그린 그림들은 각 가정의 보물이 되었다. 그녀의 남편 Kevin은 이 책의 출간을 위해 그녀의 그림들을 순서대로 정리해 주었다. Jean과 Kevin에게 감사한다.

오랜 시간 동안 인내해준 우리의 남편들에게 특별한 고마움을 전하고 싶다. 학부모이자 Great Oaks School 이사회 임원으로 활동하는 Robert Patterson은 발도르프 교육과의 오랜 인연에서 나온 유익한 충고를 많이 해주었다. 또한 컴퓨터 전문가인 Gerry Labedz는 유머 감각과 우리 작업에 대한 끊임없는 신뢰로 우리의 정신이 꾸물거릴 때 기운을 북돋아주었다. 바바라는 그로부터 처음으로 컴퓨터를 배우는 즐거움을 누렸다.

또한 부모들과 선생님들이 찾고 있는 메시지를 우리가 전해줄 수 있다는 믿음을 보여준 Pamela Fenner에게도 감사한다. 좋은 책을 만들려는 그녀의 높은 기준과 바람 덕택으로 우리가 기쁘게 참여해서 만든 이 아름다운 책이 출판될 수 있었다.

마지막으로, 우리는 공동 저자로서 서로에 대해 감사의 말을 전하고 싶다.

오랜 세월 동안 바바라 당신은 아마도 여러 번 나의 분별력과 우리가 정말 책을 낼 수 있을지에 대한 의문을 가졌을지도 모릅니다. 하지만 당신은 나와 함께 그 시간을 보냈고, 심지어 가장 힘든 날들에도 그러했지요. 당신의 의지력은 얼마나 잘 계발돼 있는지요! 자신의 지식과 개인적 경험을 나누어줌으로써 당신은 우리의 책에 품위와 생명력을 불어넣어 주었습니다. 바바라, 고마워요. 당신과 함께 작업하는 일은 하나의 특권이었어요.

파멜라, 당신은 내가 여기저기 화살표를 그리면서 손으로 쓴 초고를 해독하고 새로운 문단을 끼워 넣도록 지시할 수 있는 운명을 타고 난 듯 합니다. 당신은 내가 일을 계속해나가도록 격려하면서 전염성이 있는 그 멋진 미소를 늘 잃지 않았지요. 나는 당신으로부터 아주 많은 것을 배웠으며, 특별히 당신의 글 쓰는 재능으로 이 책에 창의성을 부여해준 것에 대해 진심으로 감사하고 있어요. 당신이 없었다면, 나 혼자서는 이 일을 해낼 수 없었을 거예요. 고마워요, 팸!

역자 후기

무지개 다리 너머에서 아이들의 손을 잡아줄 이들에게

이 책은 인간 존재와 우주를 영적인 관점에서 파악하고 있는 인지학과 발도르프 교육에 비추어 아이의 발달 단계를 바라보고 있는 책이다. 묵직한 교육 관련 책들과 비교해볼 때, 보기에 편안하고 아름다운 이 책의 크나큰 장점은 어린 영혼이 이 지상의 삶에 부드럽게 안착할 수 있도록 부모와 선생님들이 어떻게 안내를 해주어야 하는지가 쉽고 실용적으로 설명되어 있다는 점이다. 하지만 쉽게 읽힌다고 해서 그 안에 철학적 토대나 인간에 대한 깊은 이해가 없다는 뜻은 아니다. 오히려 이 책을 읽다보면 독자들은 발도르프 교육을 이루고 있는 근본적인 사상과 슈타이너의 인지학을 좀더 알아보고 싶은 마음이 들지도 모른다. 여하튼 지금 당장 인지학과 발도르프 교육에 관한 전문적인 이해가 없을지라도, 부모들이나 선생님들이 이 책을 읽다보면 '아, 그래서 그랬구나!' 하고 고개를 끄덕이게 될 때가 많을 것이다.

아이를 키우는 부모들이나 아이를 돌보는 선생님들은 무섭도록 빠르게 변화하고 있는 현대 테크놀로지 문명 속에서 '건강하고 가능성 있고 행복한 아이로 키우는 일'이 하나의 도전임을 어느 정도는 공감할 것이다. 지나치게 자극적인 텔레비전, 광고, 영화뿐만 아니라 실제 세계에서 이루어지는 진정한 일과 인간관계를 대체해버릴 수 있다는 듯 기세를 부리는 컴퓨터 세계나 가상공간 세계에서 우리 아이들은 지금 어떤 영향을 받으며 자라고 있는 걸까? 이 아이들은 과연 어떤 어른으로 자라나서 이 지구 행성과 자신들의 미래를 책임질 수 있을까?

10여 년 전부터 우리나라에도 발도르프 교육이 소개되어 많은 이들이 관심을 갖고 공부하고 있다. 근대 교육과 국가에 의한 공교육의 문제점을 절실하게 느끼는 이들이 대안을 찾고자 할 때, 단편적 지식을 주입시키는 입시교육의 병폐를 벗어나고 싶을 때, 몸과 마음과 영혼 모두가 건강하고 온전한 인간을 어떻게 키워낼지 고민할 때, 강제 교육도 자유방임 교육도 아니면서 나름의 철학적 토대가 분명한 발도르프 교육이 하나의 빛을 던져줄 수 있기 때문이다.

나 역시 어린 두 아이를 키우면서 예술과 교육을 행복하게 결합시키고 있는 듯이 보이는 발도르프 교육과 슈타이너의 사상에서 적잖은 도움을 받았다. 첫째 아이가 다섯 살, 둘째 아이가 막 걸어 다니기 시작할 무렵에 만난 발도르프 교육은 나에게 아이 기르기와 관련해서 보다 폭넓은 관점을 제공해주었다. 물론 이전부터 나는 현대 문명이 보여주는 여러 문화적 표시들인 텔레비전이나 테크놀로지, 상업주의적 상품 소비 등이 아이의 건강한 발달에 좋지 않으리라고 막연하게 감지했으나 워낙 주류 문화가 거세기 때문에 소극적으로만 저항하고 있던 상태였다. 그러다가 발도르프 교육을 만나면서 든든한 지지자를 만난 듯 기뻤고, 지금 시대에 유행하는 문화의 해로움으로부터 아이들을 보호해야겠다고 마음먹자 당연히 아이들도 훨씬 행복해했다. 잠자리에 함께 누워 동화들을 읽어줄 때 꿈꾸듯 빛나던 아이들의 눈빛, 함께 산길을 걸으며 들풀과 들꽃들의 아름다움에 감탄하던 기쁨들, 즐거운 동요들을 부르며 춤추듯 뛰어다니던 생명 넘치던 몸들, 생의 빛나던 순간들!

그중에서 우리 가족에게 큰 즐거움과 진정한 연대감을 안겨주었던 것 중의 하나는, 발도르프 유치원에서 생일을 맞은 아이에게 들려준다는 '무지개다리 너머—생일 이야기'를 내 나름대로 각색해서 들려주는 일이었다. 이제 막 말을 알아듣기 시작한 유아기와 어린 시절은 물론이고 큰 어린이라 할 수 있을 만큼 자란 다음에도 우리 아이들은 시도 때도 없이 이 생일 이야기를 듣고 싶어 했다. "엄마! '무지개다리 너머 초록별 이야기' 해줘!" 내가 이야기를 하기 시작하면 아이들은 까만 눈동자를 빛내며 진지하고 엄숙하게 이야기 속으로 빠져들었다. "…… 그래서 이 지상에 OO가 태어나게 된 거예요." 이때쯤 아이들의 얼굴에는 행복하고 아주 만족스러운 미소가 어린다. 나 역시 이 이야기를 들려줄 때마다 크나큰 위안을 받았다.

왜일까? 이 지상 세계에 오기 전에 살던 세계를, 그러니까 아이가 영혼의 존재를 인정하고 있어서일까? 아니면 무지개다리를 건너기 전에 천상의 나라에 살 때, 아이가 지구에 사는 한 여자와 남자를 사랑하게 되어 스스로 그들을 부모로 선택했다는 그 놀라운 주체성이 지극히 만족스러운 것일까? 여하간 인간 존재의 비밀을 의미 있는 상징으로 언뜻이나마 보여주는 이야기가 아닐 수 없다.

이 책을 번역하면서 우리 가족은 다시금 '무지개 다리 너머—생일이야기'를 몇 번이나 낭독해서 읽었다. 매끄러운 우리말로 다듬기 위해서이기도 했지만, 어느덧 훌쩍 자라서 사고가 깨어나기 시작한, 자아를 세워가고 있는, 사춘기를 의연하게 건너가고 있는 큰아이와 꿈꾸는 듯한 어린 시절을 여전히 흠뻑 만끽하고 있는 둘째 아이가 여전히(!) 이 이야기를 좋아하기 때문이었다.

최종 원고를 함께 낭독하고 우리말을 부드럽게 고치는 작업까지 적극적으로 도와줄 만큼 자란 큰 아이 여연에게 감사한다. 부드러운 사랑으로 파도처럼 우리를 어루만져주는 하연에게도 고마움을 전한다.

마지막으로 이 책에 나온 슈타이너의 말을 인용하면서 끝맺고 싶다.

우리가 바라는 인간은 "스스로 자신의 삶에 목적과 방향을 부여할 수 있는 자유로운 인간입니다."